« N'est-il pas merveilleux que nous puissions tous, à l'instant même, travailler à la création d'un monde meilleur ? »

Anne Frank

« On vous dira que vous faites trop de bruit, que vous devez attendre votre tour, et que vous devez demander la permission aux bonnes personnes. Faites-le quand même. »

Alexandria Ocasio-Cortez

« N'agonisez pas. Organisez-vous. »

Florynce Rae Kennedy

SOMMAIRE

PRÉAMBULE
UNE HISTOIRE DE TRACT INEFFICACE

Je pose le petit dossier que j'ai constitué au cours des dernières semaines sur la table de la salle de cours. Ce ne sont que quelques feuilles agrafées ensemble. La table est au fond d'une salle étouffante, sur le toit d'un immeuble du XIIIe arrondissement de Paris.

Je suis nerveuse, un peu inquiète, excitée, aussi. J'ai peur de ce qui va se passer, ou plutôt j'ai peur de ne pas y arriver. Je ressens cette adrénaline qui transforme la peur en énergie. Une boule dans la gorge, je me retourne vers la salle, et je m'apprête à prendre la parole.

Ce souvenir, c'est celui de la première fois que j'ai agi en espérant changer les choses. Avec le recul, c'est peut-être ma première expérience d'activisme. Dans ces quelques pages, j'avais collecté des informations sur la persécution, au Tibet, de millions de personnes, poussant des milliers d'entre elles à fuir en exil. J'avais rédigé ce document dans le cadre d'un projet que je devais réaliser durant mes études en BTS communication. Nous devions concevoir une publicité pour un produit de notre choix. J'avais eu envie de faire un tract pour une manifestation de défense des droits du peuple tibétain et de sa culture. En préparant ce travail, j'avais découvert l'ampleur de ce qui se passait là-bas. Et cela m'avait mise tellement en colère que j'avais eu besoin que les élèves de ma classe soient aussi au courant, pour qu'on fasse quelque chose.

Je ne me souviens pas exactement ce que j'ai dit, je pense que j'ai crié quelque chose comme « si vous voulez en savoir plus sur la situation au Tibet, je laisse le dossier sur la table ». Je crois que personne ne m'a entendue. Je ne suis pas sûre que qui que ce soit ait lu ce document finalement. Ma première expérience de l'activisme n'a pas été concluante, mais elle m'a appris quelque chose : pour mobiliser les gens, pour que ma colère soit utile, il fallait que je sois capable de communiquer d'une manière efficace auprès des bonnes personnes, et au bon moment.

Je pense que j'ai décidé ce jour-là d'utiliser les techniques de communication classique que j'étudiais pour faire avancer les choses et changer le monde. Je le dis avec le recul, ce n'était probablement pas aussi clair dans ma tête à l'époque. Mais c'est à partir de ce moment que j'ai commencé à étudier la communication politique en me disant : Je vais utiliser toutes ces techniques pour le bien commun.

Et aujourd'hui, des années plus tard, j'écris ce livre. Depuis, j'ai eu la chance de côtoyer des centaines de personnes qui, un jour, elles aussi, ont passé le cap et ont décidé d'agir. D'utiliser leur volonté et le pouvoir que nous avons toutes et tous, notre pouvoir collectif, pour avoir un impact dans le monde.

Ces personnes m'ont tant appris : leurs tentatives, leurs difficultés, mais aussi leurs victoires sont une source d'inspiration immense. Ce sont leurs stratégies et leurs expériences que je vous livre ici. Ce sont leurs histoires de lutte et les tactiques qui leur ont permis de gagner. Car si j'ai décidé d'écrire ce livre, c'est parce que je crois sincèrement que si chacune et chacun d'entre nous comprend comment mobiliser largement et s'organiser avec d'autres personnes, nous pouvons vraiment changer le monde.

Comme moi à l'époque de mon tract, des millions de personnes, dont vous faites peut-être partie, veulent vraiment agir, mais ne savent pas comment s'y prendre. Je pense aussi que les personnes qui détiennent le plus de pouvoir dans notre monde aujourd'hui ont bien compris comment le garder. Et que nous devons être extrêmement efficaces pour construire le monde que nous voulons.

Une histoire de tract inefficace

Si vous regardez ce qui se passe dans votre quartier, ou ce qui se passe dans le monde à la télévision ou sur les réseaux sociaux, et que vous ne supportez plus de voir l'injustice se perpétuer, si vous avez la conviction qu'ensemble, nous pouvons créer un monde différent, mais si vous ignorez, autant que moi distribuant mon tract, comment vous y prendre et par où commencer, ce livre est fait pour vous.

Au moment où j'écris ces lignes, une mobilisation massive a lieu en Biélorussie, où les citoyennes et citoyens ont décidé d'agir contre un système corrompu. Dans un article que je lisais ce matin, cette phrase prononcée par une femme m'a marquée : « Je croyais qu'il fallait partir pour trouver des gens qui pensent comme moi, mais en fait ils étaient là depuis toujours, dans mon quartier, à la porte d'*à côté*. »

Changer le monde commence en bas de chez soi. Cela commence par des actions que nous pouvons toutes et tous faire. Il faut juste savoir par où commencer. J'espère que ce livre vous permettra de faire ce premier pas.

CHAPITRE 1
DÉFINISSEZ ET NOMMEZ VOTRE COMBAT

J'ai parfois un sentiment diffus de colère, face à la manière dont notre monde fonctionne. Je me dis que les choses ne tournent pas rond et qu'il faudrait tout remettre à plat. C'est probablement le cas pour vous aussi, si vous lisez ce livre. Il y a tellement d'injustices qui me donnent envie d'agir. Je suis sûre que vous avez déjà ressenti cela : le sentiment de devoir être sur tous les fronts. C'est l'une des caractéristique des personnes qui sont « activistes dans l'âme » : elles ont probablement un sens de l'empathie particulièrement développé et ne peuvent rester insensibles face à la souffrance des autres.

Il y a un sujet sur lequel j'ai plus souvent envie de m'exprimer, une cause que je ne peux jamais me résoudre à mettre de côté. Lorsque je suis témoin de violences sexistes et sexuelles, j'ai besoin de prendre la parole pour dénoncer ce qui représente encore aujourd'hui un véritable problème pour la société tout entière. Quand je constate que l'on juge mes compétences en fonction de mon sexe, ou si l'on me fait comprendre que je ne suis pas à ma place parce que je suis une femme, je ne peux me taire. Lorsque j'entends le récit de victimes de violences sexuelles, quand des femmes que je connais et que j'admire me parlent de leurs expériences traumatiques, l'inaction et le silence ne sont pas des options. Et surtout, je ressens qu'il est de ma responsabilité d'agir. Et cela est en grande partie lié au fait que je suis une femme, que j'ai vécu des expériences similaires, et que je suis directement affectée par cette problématique.

De votre connexion à la cause dépend votre impact

J'ai rencontré beaucoup de personnes dont la détermination est restée entière, parfois des mois, des années durant, dans une campagne qu'elles ont menée. Souvent, elles obtiennent gain de cause, petite victoire après petite victoire, aboutissant à des changements extraordinaires pour elles ou leur entourage, voire pour la France.

Ces personnes sont bien conscientes que d'autres problèmes existent dans le monde. Mais je pense que si elles réussissent à faire changer les choses, c'est parce que leur connexion à la cause est tellement forte et intime qu'elles ne peuvent pas ne rien faire. Elles ont un lien direct avec la cause qu'elles défendent. Elles sont concernées en premier lieu, dans leur communauté, dans leur ville, dans leur famille, voire dans leur propre chair.

C'est le cas de la famille Védrenne, que je connais maintenant depuis mes débuts dans l'activisme sur la plateforme Change.org. Stéphane et Corinne vivent près de Bordeaux. Ce sont des êtres extraordinaires, qui ont été confrontés à l'une des épreuves les plus difficiles qui soient : la perte de leur fille, Eva, d'un cancer du tronc cérébral. Lorsqu'elle s'est éteinte, ses parents ont décidé de faire de leur tristesse, de leur douleur, mais aussi de leur colère, une force incroyable pour changer les choses. Depuis huit ans, ils travaillent sans relâche pour que cela n'arrive à aucun autre enfant. En lançant leur pétition sur Change.org, ils ont constitué une base de soutiens solide, avec d'autres parents concernés, mais aussi avec des personnes qui ont été émues par leur histoire et ont décidé de se mobiliser. Ils ont obtenu des rendez-vous avec des élus, femmes ou hommes, des auditions par le gouvernement et même la création de projets de loi par des parlementaires. Et depuis huit ans, je les vois avancer, pas à pas, victoire après victoire, et ne jamais lâcher. Fin 2018, ils ont finalement obtenu la création d'un fonds dédié à la recherche sur les cancers pédiatriques, d'un montant de 5 millions d'euros par an, et la création d'un capital décès suite à la perte d'un enfant. Simplement, tout comme d'autres personnes que j'ai rencontrées, parce qu'ils n'ont pas le choix. Parce que leur cœur leur interdit d'arrêter.

Lorsqu'une injustice nous concerne directement, lorsque nous sentons, au plus profond de notre âme, que nous ne pouvons nous résoudre à la laisser passer, alors c'est ce combat que nous devons mener. Car faire campagne est parfois long et la victoire n'est pas toujours facile. Votre détermination et votre capacité à changer les choses dépendent alors de votre profonde proximité avec la cause que vous défendez.

Priorisez ce qui vous tient le plus à cœur

La première chose à faire quand vous vous lancez dans une campagne, pour qu'elle porte ses fruits, est de croire, au plus profond de vous, que ce que vous accomplissez n'est pas une activité annexe. Parce que la route est longue, parfois, votre motivation sera mise à rude épreuve. Votre connexion à cette cause est donc indispensable, car si vous ressentez cette urgence, rien ne peut vous arrêter. Alors avant de vous engager, décidez : quelle cause vous tient tellement à cœur que vous pourriez vous y investir suffisamment pour obtenir gain de cause ? Qu'y a-t-il dans votre vie qui vous concerne en premier lieu, vous ou votre entourage proche ? Y a-t-il une personne, un lieu, un patrimoine, un acquis social, un droit fondamental que vous vous devez de sauver ou de préserver ?

Si l'animal qui vous fascinait lorsque vous étiez enfant est en voie d'extinction et que cela vous prend aux tripes, c'est ce combat que vous devez mener.

Si votre cousin est victime d'une discrimination au travail et que vous ne pouvez rester les bras croisés, c'est ce combat que vous devez mener.

Si votre voisine a besoin d'un traitement bien trop coûteux et que vous fulminez de voir les assurances refuser de le prendre en charge, c'est ce combat que vous devez mener.

Si votre sœur a été victime d'une agression et que, comme moi, vous ressentez au plus profond de vous ce qu'elle a pu vivre et refusez que cela se reproduise, c'est ce combat que vous devez mener.

Plus nous sentons une proximité avec une cause, plus notre détermination est grande. Alors, faites de vos émotions une force, et lancez votre campagne sur un sujet qui vous affecte profondément.

Vous êtes légitime lorsque la cause vous concerne

Il y a une autre raison pour laquelle un lien direct avec la cause est un atout : vous êtes la personne la mieux placée pour en parler.

En effet, on assimile souvent les « experts » à des personnes qui ont obtenu un diplôme, enseignent à l'université, font de la recherche ou ont écrit un livre sur un sujet. Mais il existe une autre forme d'expertise : celle du vécu. Quelle personne est mieux placée pour parler de sexisme au travail qu'une femme qui travaille au milieu d'hommes qui lui font subir des violences sexistes ? Qui peut mieux expliquer ce que signifie vivre avec le RSA qu'une personne vivant avec cette prestation sociale ? Qui peut mieux parler de racisme qu'une personne racisée ?

Choisir un sujet qui vous concerne directement, c'est le meilleur moyen pour être efficace, parce que vous êtes expert ou experte du sujet, mais aussi parce que cela vous donnera encore plus de forces pour faire campagne et mobiliser largement, comme nous le verrons dans la suite de ce guide.

Définir une demande précise et prioritaire, le premier pas pour réussir

Vous êtes maintenant certain ou certaine que la cause que vous souhaitez défendre vous habite totalement et vous êtes prêt ou prête à vous impliquer complètement. Peut-être que vous avez décidé de vous mobiliser contre la pollution, parce que vous vivez près d'une zone très polluée. Très bien. Mais que voulez-vous exactement obtenir ?

Corinne et Stéphane m'ont appris une autre leçon dans leur combat contre les cancers pédiatriques : l'art de définir une demande précise et réalisable. En effet, lorsque ces parents endeuillés ont décidé d'agir pour que plus aucun enfant ne meure du cancer, ils auraient pu lancer une grande campagne, « Tous contre le cancer » ou « Mettons fin aux cancers pédiatriques ». C'est une cause juste, un appel que beaucoup de personnes auraient certainement rejoint. Mais quelque chose manque : quel changement concret cet appel génère-t-il ? Même si les 66 millions de Françaises et de Français avaient signé leur pétition, qu'auraient-ils vraiment obtenu ?

Dans ces appels, ce qu'il manque, c'est une demande précise. Et si l'on ne demande rien, on ne change rien non plus. Car pour que les responsables politiques et économiques agissent dans le sens de votre demande, il faut formuler une exigence précise, ne pas leur laisser le choix de la réponse à apporter à votre campagne. De cette étape qui paraît anodine dépend votre réussite. J'ai vu maintes et maintes fois des personnes se lancer avec une demande trop vague, ou même sans demande, et leur campagne n'a pas pu aboutir, car elles se sont confrontées à l'incompréhension des responsables politiques, et parfois même à une forme de langue de bois, lorsqu'il ne s'agissait pas de mépris. Il faut donc décider ce que l'on veut demander exactement, afin qu'à l'indignation succède le changement.

Mais alors, comment définir sa demande ?

Du caillou à la montagne : commencer par le début

Corinne et Stéphane ont décidé de s'attaquer à quelque chose de très précis : le financement de la recherche contre les cancers pédiatriques. Et c'est là que leur combat s'est montré le plus efficace.

Ils ont utilisé la méthode de l'entonnoir, en allant de la demande la plus large à la demande la plus précise : s'assurer que les enfants ne meurent plus de cancers nécessite d'avoir des traitements, et pour avoir des traitements, il faut qu'il y ait de la recherche, et pour que la recherche ait lieu, il faut qu'elle soit financée. Corinne et Stéphane sont donc partis de leur demande large, et en ont fait une demande très précise, qui est spécifique et permet donc d'obtenir un changement concret si on y répond : si on finance la recherche, les enfants atteints de cancers auront plus de chance de ne pas succomber à cette maladie.

Ce qui rend la demande de ce couple efficace, c'est qu'il a choisi de se concentrer sur la première étape pour résoudre le problème auquel il s'attaque, le fait que trop d'enfants meurent encore aujourd'hui de cancers. Financer la recherche est la première chose à faire pour que les enfants n'en meurent plus.

Pour expliquer autrement cette démarche en entonnoir, on peut utiliser la métaphore de la montagne : si vous voulez faire s'écrouler une montagne, d'un coup, c'est assez difficile. Il va sûrement vous falloir des années, et beaucoup, beaucoup d'explosifs ou de coups de bêche. La méthode la plus rapide pour faire s'écrouler une montagne consiste à procéder par étapes. D'abord, il faut trouver de quels rochers cette montagne est constituée. Une fois que l'on a identifié les rochers, on peut s'intéresser aux pierres qui maintiennent ces rochers. Puis on peut déterminer quels sont les petits cailloux qui, eux, maintiennent les pierres en place.

Si je fais bouger un petit caillou, puis un autre, cela fera bouger la pierre, qui fera bouger le rocher, qui fera s'écrouler la montagne.

Eh bien, pour faire campagne, c'est la même chose. Dans le cas de Stéphane et Corinne, le financement, c'est le caillou ; la recherche, ce sont les pierres ; les traitements, ce sont les rochers ; le fait que les enfants ne meurent plus du cancer est la montagne que Corinne et Stéphane ont décidé d'attaquer.

Si ces parents en deuil avaient lancé une campagne pour demander des traitements, on leur aurait opposé le manque de recherche. S'ils avaient demandé que des recherches soient lancées, on leur aurait rétorqué qu'il fallait d'abord des financements. Ils ont donc commencé par la première étape : trouver de l'argent pour financer la recherche. Et c'est l'objet de la pétition qu'ils ont lancée : une pétition qui demande au gouvernement français de financer la recherche pour la lutte contre les cancers pédiatriques.

Lorsque vous réfléchissez à la demande à formuler, procédez de la même manière. Identifiez le problème, pensez à l'élément qui permettrait de le résoudre, puis à ce qui permettrait à cet élément d'exister. Reculez autant que possible, pour avoir une demande la plus précise, spécifique possible, et pour trouver le plus petit caillou possible, qui fera, à terme, tomber votre montagne.

C'est une étape indispensable pour que vos interlocuteurs ou interlocutrices vous prennent au sérieux et y répondent, mais aussi pour qu'on ne puisse pas vous rétorquer que votre demande est « impossible à mettre en œuvre » ou encore « utopiste ». N'oubliez pas que si l'injustice que vous dénoncez était facile à résoudre, vous n'auriez pas à faire campagne. Vous cherchez avant tout à convaincre des personnes qu'elles n'ont pas d'autre choix que d'agir.

Quelques exemples

Vous voulez que plus personne dans votre ville ne dorme dans la rue.

Pour que les gens ne vivent plus dans la rue, il faut qu'ils aient des logements.

↓

Pour qu'ils aient des logements, l'une des solutions possible est que la mairie mette des logements à leur disposition.

↓

Pour que la mairie mette des logements à leur disposition, il faut investir de l'argent du budget de la ville pour cela.

↓

Une pétition efficace pourrait donc demander à la ville d'investir X % de son budget dans la construction de logements pour les personnes sans abri.

Vous souhaitez que les femmes ne soient plus victimes du diktat de la beauté.

Pour cela, il faut changer les représentations des femmes.

↓

Pour changer les représentations des femmes, l'une des solutions possibles est de demander aux magazines féminins de ne plus représenter des femmes trop minces.

↓

Une pétition efficace pourrait demander à un magazine en particulier de ne plus photoshoper les mannequins pour les rendre plus minces.

Agissez près de chez vous pour changer le monde

Une autre manière d'envisager le changement selon la métaphore de la montagne est l'action locale. En effet, commencer par agir localement peut, à terme, faire évoluer les choses à plus grande échelle. Si de plus en plus de villes mettent en place une politique (font bouger des cailloux), cela peut finir par ébranler la montagne.

Parfois, il peut être intéressant de faire changer des choses dans sa ville ou son département, pour créer ce qu'on appelle un « précédent », un exemple, ce qu'on pourrait comparer à une jurisprudence en droit. Montrer que quelque chose est possible dans une ville en particulier, afin que cela soit mis en place plus largement ensuite.

Ainsi, sur la question de l'interdiction des pesticides, récemment, on a vu de nombreuses mairies, souvent sous la pression de la population, interdire l'utilisation de pesticides dans leur ville. Il est intéressant de voir qu'il était très difficile d'obtenir cette interdiction au niveau national, car le poids des lobbys empêchait le Parlement de voter cette interdiction. Mais avec la multiplication des interdictions dans les villes, les choses commencent à bouger, et cela pourrait permettre à terme d'obtenir, de fait, une interdiction sur tout le territoire.

Faire changer des lois est parfois long et laborieux, c'est une montagne assez massive qu'on essaye de faire s'écrouler. Pensez-donc à utiliser l'angle local pour obtenir des changements plus rapidement, pour vous et votre communauté, qui pourraient aussi inspirer d'autres personnes et, à terme, changer les choses au niveau national.

Lorsque vous avez déterminé la cause que vous voulez défendre, demandez-vous si votre maire pourrait agir à son niveau pour faire quelque chose et définissez une demande locale plutôt que nationale. Par exemple, demandez que votre ville améliore la prise en charge des enfants en créant des places en crèche, plutôt que de lancer une campagne nationale sur le manque de places pour les enfants dans ces établissements. Demandez à votre département de financer du soutien scolaire pour les enfants en difficulté, plutôt que d'exiger du gouvernement un grand plan national sur l'éducation. Peut-être que sur le chemin, vous rencontrerez d'autres personnes qui font campagne de la même manière dans leur département, et vous pourrez unir vos forces pour faire de votre campagne locale une réussite nationale.

En résumé, commencez petit pour viser grand !

SMART, cinq lettres pour rendre votre demande efficace

En général, je n'aime pas beaucoup les acronymes, que je trouve souvent compliqués et obscurs. Mais pour ce qui est de SMART, j'ai pu voir à quel point il était intéressant de l'utiliser pour rendre les mobilisations citoyennes efficaces.

SMART est un acronyme utilisé dans différents domaines, pour se fixer des objectifs faciles à atteindre mais qui ont le plus d'impact possible. Et il convient aussi pour lancer une campagne citoyenne. Faire passer votre demande au crible du système SMART peut aider à la rendre encore plus efficace.

Admettons que vous ayez décidé d'agir contre la pollution parce que vous vivez dans une zone polluée. Vous avez décidé de lancer une pétition pour mettre fin à la pollution. Passons donc votre demande au crible du système SMART.

S	M	A	R	T
Spécifique	Mesurable	Atteignable	Réaliste	Définie dans le temps

S, pour spécifique **: la demande « Mettre fin à la pollution » est-elle spécifique ?**

Pas tout à fait : de quel type de pollution s'agit-il ? Pour rendre la demande plus spécifique, on pourrait la remplacer par « Mettre fin à la pollution aux pesticides » si c'est de cela qu'il s'agit, et ainsi on sait spécifiquement à quoi on fait référence quand on parle de pollution.

M, pour mesurable **: à partir de quel moment puis-je dire « nous avons atteint notre but » au regard de la demande « Mettre fin à la pollution » ?**

Dans ce cas, pour obtenir une plus grande précision, on pourrait dire « Interdire les pesticides ». Ainsi, on sait que l'on a réussi lorsque les pesticides sont interdits. Sinon, les responsables politiques pourraient très bien vous dire avoir mis fin aux pollutions en mettant un système de protection autour des champs par exemple, ou en limitant les jours de traitements, mais vous pourriez penser que ce n'est pas suffisant.

A, pour atteignable **: est-ce que ma demande « Interdire les pesticides » peut aboutir ?**

Un objectif acceptable est un objectif suffisamment ambitieux pour qu'il représente un défi et qu'il soit motivant, mais il doit aussi être raisonnable dans le sens où vous pensez qu'il y a suffisamment de raisons pour les responsables politiques à qui vous vous adressez de répondre à votre demande. En ce sens, pour rendre votre objectif atteignable, vous pourriez vous focaliser sur le local, comme nous l'avons vu précédemment. Ainsi, votre demande pourrait s'adresser à votre maire et être « Interdire les pesticides dans ma ville ». C'est une demande plus spécifique et plus facile à faire aboutir parce qu'elle est plus limitée dans son ampleur.

R, pour réaliste **: est-ce que la demande « Interdire les pesticides dans ma ville » est réaliste ?**

Il y a quelques années, on aurait pu penser que cela ne l'était pas, tant personne ne mettait en avant les risques des pesticides pour la santé. Mais la recherche et la connaissance évoluant, il est de plus en plus fréquent de voir certains pesticides interdits, ainsi que d'autres produits chimiques. De plus, plusieurs maires de ville ont déjà interdit les pesticides. Cet objectif est donc réaliste.

T, pour temporellement défini **: lorsqu'on se fixe des objectifs, on se donne en général une date limite pour les accomplir.** Par exemple : je veux passer mon permis de conduire avant la fin de l'année, ou encore, je veux lire ce livre avant la fin des vacances. Lorsque l'on ne fixe pas son objectif dans une temporalité, on remet souvent à plus tard, et l'on n'accomplit rien au final (combien de fois ai-je remis des choses à plus tard parce que je ne m'étais pas fixé de limites dans le temps !).

Il en va de même pour faire campagne. Si votre revendication ne donne pas de limites de temps, il sera très facile pour les responsables à qui vous vous adressez de repousser l'action aux calendes grecques. La demande « Interdire les pesticides dans ma ville » n'est pas limitée dans le temps. Il faudrait donc, pour inciter votre maire à agir le plus rapidement possible, ajouter une limite de temps : « Interdire les pesticides dans ma ville d'ici la fin de l'année ». C'est une demande limitée dans le temps et donc plus efficace.

Grâce à SMART, nous passons d'une demande très large « Mettre fin à la pollution » à une demande très précise qu'il sera donc possible de mettre en place : « Interdire les pesticides dans ma ville avant la fin de l'année. »

Votre demande en une phrase

Un bon moyen de savoir si votre demande est suffisamment claire et précise consiste à l'écrire et à voir si elle peut tenir en une phrase. Si vous voyez qu'elle est trop longue, ou que vous avez du mal à l'exprimer à un proche, c'est probablement qu'elle est encore trop imprécise.

Si vous pouvez dire en une phrase « je demande à... de... », c'est que vous avez une demande claire et précise.

Exemples

« Je demande à la maire de Marseille d'ouvrir 100 places d'hébergement d'urgence pour les femmes SDF avant la fin de l'année. »

« Je demande au supermarché X de ne plus distribuer des sacs en plastique à ses clients avant 2022. »

« Je demande au préfet de Paris de ne plus utiliser des Flash-Ball contre la population dès maintenant. »

Vous avez maintenant toutes les clés pour définir une demande claire, réalisable et efficace, le premier pas pour lancer votre campagne !

À retenir

Choisissez bien un combat, plutôt que dix, et allez jusqu'au bout.

Votre proximité avec la cause que vous défendez est primordiale pour votre réussite, car elle vous permettra de garder votre motivation. C'est aussi sur cette connexion à la cause que votre expertise et votre légitimité reposent.

Pour faire tomber des montagnes, pensez au premier petit caillou à bouger : **commencez petit pour viser grand.**

Pensez local et pas uniquement global : commencer près de chez vous est facteur de succès.

Utilisez les cinq lettres SMART pour rendre votre demande la plus efficace possible.

Ce qui se comprend bien s'énonce clairement : vous devez pouvoir résumer votre demande en une phrase.

À vous de jouer !

Maintenant que vous avez compris comment choisir une cause, comment définir une demande précise selon la méthode de l'entonnoir, et comment l'affiner avec le système SMART, vous pouvez rédiger votre propre demande.

Fiche pratique à remplir

La cause que je veux défendre

....

....

....

....

Pourquoi c'est important pour moi,

qu'est-ce qui me donnera la détermination d'aller jusqu'au bout ?

....

....

....

....

Appliquez la méthode de l'entonnoir :

déterminez votre objectif final, la montagne à faire tomber et remontez jusqu'au premier élément nécessaire pour faire tomber la montagne, votre caillou.

La montagne ....

....

Le rocher ....

....

La pierre ....

....

Le caillou ....

....

Résumez en une phrase votre demande

....

....

Passez votre demande au scanner SMART

Ma demande est-elle spécifique ? Si non, je la précise ....

....

Ma demande est-elle mesurable ? Si non, j'ajoute un moyen de mesurer mon succès ....

....

Ma demande est-elle atteignable ? Si non, je réfléchis à ce que je pourrais accomplir ....

....

Ma demande est-elle réaliste ? Si non, j'envisage de la réécrire en fonction du contexte dans lequel j'évolue ....

....

Ma demande est-elle définie dans le temps ? Si non, j'ajoute une date limite pour que ma demande aboutisse ....

....

Écrivez votre demande finale en une phrase

Je demande ....

....

CHAPITRE 2
VOUS ÊTES DAVID, TROUVEZ VOTRE GOLIATH

Cela fait plus de huit ans que je fais de l'activisme pour convaincre les responsables politiques ou économiques d'agir, et pourtant, je suis une fervente défenseuse de l'auto-organisation. Je pense qu'il y a énormément de choses que l'on peut faire soi-même, de problèmes que l'on peut résoudre par la mobilisation des bonnes volontés autour de soi sans faire appel aux autorités.

Mais au cours de ces huit années, j'ai aussi réalisé qu'il y a des choses que l'on ne peut pas faire soi-même.

Nous vivons dans un monde où des personnes sont en position de prendre des décisions qui ont un effet sur l'organisation de notre société. Nous sommes en démocratie, une démocratie que l'on dit représentative, ce qui veut dire que nous élisons des personnes qui vont prendre des décisions qui nous concernent. De nombreuses autres personnes décident aussi de notre avenir, parce qu'elles sont à la tête d'une entreprise, ou encore parce qu'elles exercent des fonctions au sein de nos administrations. Souvent, nous sommes David face à Goliath.

Une campagne de mobilisation citoyenne a donc pour objectif de convaincre quelqu'un d'agir. Comme nous nous trouvons face à une situation injuste ou problématique que nous ne pouvons pas résoudre par nos propres moyens, nous nous tournons vers une personne en mesure de résoudre le problème.

Il est donc plus que primordial de savoir à qui l'on veut s'adresser lorsque l'on mène campagne. Car, comme celle dont la demande n'est pas précise, une campagne qui ne s'adresse pas à la bonne personne va plus difficilement aboutir.

Lutter contre l'envie de s'adresser à la terre entière

Il est fréquent que je retrouve, dans les pétitions lancées sur Change.org, des textes adressés à « tout le monde » ou « tous les citoyens » ou encore aux « dirigeants ». Je n'ai nul doute sur la volonté de leurs autrices et auteurs d'avoir un impact en lançant leurs pétitions. Malheureusement, c'est une erreur qui, la plupart du temps, peut les empêcher de faire aboutir leur campagne.

Il est aussi courant de voir des pétitions adressées au « gouvernement ». Bien que la majorité des décisions, dans notre pays, soient prises par cette instance, il est souvent important d'être plus spécifique pour avoir plus d'impact.

En effet, lorsque l'on s'adresse à la terre entière, on ne s'adresse à personne, car cela permet la dilution de la responsabilité. Il est beaucoup plus facile pour une institution que pour une personnalité spécifique de s'exonérer de répondre à une campagne citoyenne. De même, plus le nombre de personnes à qui la pétition s'adresse est important, plus il est facile pour les destinataires de se « renvoyer la balle ».

Imaginez-vous dans cette situation : si quelqu'un arrive dans le bureau dans lequel vous travaillez avec dix de vos collègues et demande que quelqu'un fasse la vaisselle qui traîne, vous aurez tendance (si, comme moi, vous détestez faire la vaisselle) à attendre que quelqu'un se désigne. Alors que si cette même personne arrive dans le bureau et s'adresse directement à vous pour vous demander de la faire, vous aurez du mal à vous esquiver.

Il est donc indispensable de choisir une personne publique à qui sera adressée votre campagne, car non seulement il sera plus facile pour vous de définir sa responsabilité et donc son implication, mais cela en fera également votre interlocuteur ou interlocutrice privilégié, ce qui est indispensable pour faire avancer votre cause par le dialogue.

Comment choisir le bon destinataire

Alors, qui choisir ? Quelle peut bien être la personne qui vous permettra de gagner votre campagne ?

Il y a deux questions à se poser : qui a le pouvoir de faire changer les choses, et qui peut régler le problème. Ce sont vos deux points d'entrée pour définir à qui vous vous adressez.

Déterminer qui a le pouvoir de changer les choses

Mody, 16 ans, est originaire du Mali. Après avoir traversé la Méditerranée, traversée durant laquelle il a perdu son frère, il est arrivé à Tours, en Indre-et-Loire, en septembre 2018. Il a été logé dans une famille d'accueil et commençait à construire sa nouvelle vie quand il a appris qu'il devait être transféré à Lille dans le cadre d'une répartition des mineurs non accompagnés dans différents départements. Un choc pour lui qui avait déjà subi tant de traumatismes. Pour empêcher son départ, les personnes de Tours avec qui il avait noué des liens ont lancé une pétition demandant l'annulation du transfert. Et elles ont été très efficaces dans leur manière d'adresser leur pétition. Au lieu de se tourner vers une institution nationale, ou encore le ministre de l'Intérieur, elles ont tout simplement décidé de l'adresser à celui qui pouvait directement prendre la décision : le préfet d'Indre-et-Loire.

Cette décision de s'adresser à l'autorité locale et la collecte de 29 500 signatures ont permis à Mody d'obtenir gain de cause. Alors qu'il se trouvait sur le quai de la gare pour partir à Lille, il a reçu un coup de fil du conseil départemental annulant son départ.

Il est donc indispensable, comme l'ont fait les soutiens de Mody, de commencer par déterminer qui a le pouvoir de prendre la décision pour définir à qui vous adresserez votre pétition.

Vous rencontrez un problème dans l'éducation de votre enfant ? Faites des recherches et vérifiez quelle est l'administration en charge de ce problème. Est-ce la ville, le département, la région ? Au sein de ces entités, un service gère-t-il ce problème en particulier ? Si c'est le cas, déterminez qui est en charge de ce service et adressez-vous à cette personne.

Vous voulez faire campagne contre la politique d'accueil bien trop limitée des personnes handicapées dans les lieux publics ? Demandez-vous qui a mis en place cette politique, et qui peut donc la changer. Il se peut que ce soit le ministère en charge, ou l'un de ses services en particulier. Plus vous serez précis ou précise, plus vous aurez de chances de vous adresser à la bonne personne et donc d'obtenir une réponse.

Viser juste plutôt que haut

Lorsque des personnes lancent une campagne qui leur tient vraiment à cœur, elles ont tendance à vouloir s'adresser à l'autorité la plus importante, la plus puissante, pensant que cela sera gage de légitimité et de réussite.

Une immense majorité des pétitions sont adressées au président de la République. Depuis que je travaille chez Change.org, chaque fois cela ne manque pas : les présidents sont les plus populaires sur la plateforme !

Il est vrai que nous vivons dans ce qu'on appelle parfois une monarchie présidentielle, et le pouvoir est particulièrement concentré, à la différence d'autres pays où les décisions sont plus réparties au niveau régional, comme en Allemagne ou aux États-Unis. Cela explique pourquoi nous avons tendance à nous adresser à notre président (et je l'espère un jour à notre présidente). Certes, il a du pouvoir, mais il n'est pas le seul. Et savoir identifier les autres lieux de pouvoir est indispensable pour réussir.

Adresser sa campagne à une autorité trop « haut placée », c'est prendre le risque qu'elle passe inaperçue : en effet, les personnes les plus puissantes sont aussi celles qui sont le plus sollicitées. Pour pouvoir obtenir leur attention, il faut beaucoup plus d'énergie que pour une autre personne qui l'est moins.

Gardez en tête ce principe : votre influence grandit quand votre destinataire est proche. Ainsi, plus une personnalité est puissante, plus elle prendra de la distance et priorisera ce qui est, selon elle, une urgence. Il faudra donc être particulièrement visible pour avoir une réponse. À l'inverse, plus une personne est proche de vous, donc dotée d'un pouvoir plus limité, plus elle a un champ d'action restreint, moins elle est sollicitée et plus elle aura à cœur (ou l'obligation) de vous répondre, tant votre proximité avec elle sera grande.

N'hésitez donc pas à choisir un échelon du pouvoir plus proche de vous, pour obtenir une réponse plus rapidement, et avoir donc plus d'impact.

Par exemple, si vous faites campagne pour que les fournitures scolaires soient plus écologiques, en limitant le papier, vous pourriez tout à fait vous adresser au ministre de l'Éducation pour obtenir qu'il mette en place une circulaire adressée à l'ensemble des rectrices et recteurs d'académie et des directrices et directeurs d'établissement ou au personnel enseignant. Mais pour cela, il aura fallu que vous entriez en concurrence avec les milliers d'autres personnes qui demandent aussi au ministre de mettre en place une mesure qui leur tient à cœur. Ce n'est pas que vous ne pouvez pas gagner, mais cela sera plus difficile : vous aurez besoin d'être plus visible et aussi d'avoir de la chance pour attirer son attention. À l'inverse, si vous vous adressez à l'un ou l'une de vos députés afin qu'il ou elle présente cette revendication aux autres membres de son groupe pour faire une proposition au ministère, cela sera plus facile pour vous d'avoir son attention (puisque c'est vous qui l'élisez !).

Une autre option pourrait être de vous adresser directement au recteur ou à la rectrice de votre académie, afin d'obtenir ce changement pour votre département, et d'inciter ainsi d'autres recteurs ou rectrices à faire de même.

N'oubliez pas : préférez toujours viser juste, plutôt que viser haut, afin de mettre toutes les chances de votre côté.

Penser aux entreprises qui pourraient résoudre le problème

Nous avons tendance à nous adresser systématiquement aux autorités politiques ou aux administrations lorsque nous avons un problème.

C'est peut-être une question culturelle, puisque l'utilisation de Change.org aux États-Unis se distingue de la nôtre. Leur culture étant différente, et leur organisation des services publics également, les lanceurs de pétitions ont en effet plus souvent tendance à s'adresser aux entreprises que nous le faisons.

Pourtant, il est intéressant de s'adresser aux entreprises, car il peut être plus facile de les convaincre d'agir que les responsables politiques ou les administrations. Et pour cause : leur réputation est très importante et toute entreprise fera en sorte de limiter la mauvaise publicité. Alors, lorsqu'une pétition leur est adressée, la plupart du temps, elles y répondent.

Un matin, Virginie s'est assise à une terrasse de café pour prendre son petit déjeuner. Elle a demandé à avoir de l'eau avec son café.

On lui a apporté une mini-bouteille d'Évian appelée « la Goutte ». Alors qu'il est constamment question de limiter nos déchets et la consommation de plastique, Virginie a été particulièrement choquée par cette mini-bouteille inutile. Elle a donc décidé de lancer une pétition. Elle aurait pu l'adresser au gouvernement, en lui demandant de prendre des mesures pour interdire ce type d'emballage. Mais elle a plutôt décidé d'interpeller directement Danone, qui gère la marque Évian, pour lui demander de ne plus utiliser ces bouteilles. Cela s'est avéré très efficace : face au *bad buzz*, Évian a annoncé rapidement l'abandon de cette petite bouteille.

Souvent, s'adresser aux entreprises est donc plus efficace et plus rapide, dans la mesure où le vote d'une loi est plus complexe et plus long à mettre en œuvre. De plus, obtenir gain de cause auprès d'une entreprise en particulier peut créer un précédent et rendre une campagne à destination des autorités plus efficace dans un second temps.

Déterminer (ce) qui peut influencer votre destinataire

L'une des clés pour convaincre une personne de répondre à votre demande est de bien comprendre les raisons ou les acteurs qui peuvent la pousser à le faire.

Il s'agit ici de faire un peu de psychologie, sans entrer dans l'intimité des gens. Qu'est-ce qui peut donner envie à la personne que je cible de prendre cette décision ? Souvent, cela est lié à l'action d'autres personnes.

On appelle cela une « carte du pouvoir » ou *power mapping* en anglais : c'est un document qui permet de comprendre comment les entités ou personnes influencent celles qui ont le pouvoir d'agir.

Il est important de réaliser cette carte au début de votre campagne. D'abord parce qu'ainsi vous pourrez vous assurer que vous avez choisi le bon destinataire, ensuite parce que cela vous permet de déterminer qui peut influencer votre destinataire, et enfin parce que vous pourrez en changer si celui que vous aviez choisi refuse de vous répondre ou s'oppose à votre campagne.

Exemple

Bettina fait campagne pour que les animaux du zoo de sa ville, qui sont en mauvaise santé, soient secourus et que le zoo soit fermé.

On peut réaliser un *power mapping* des personnes qui pourraient prendre cette décision ou l'influencer.

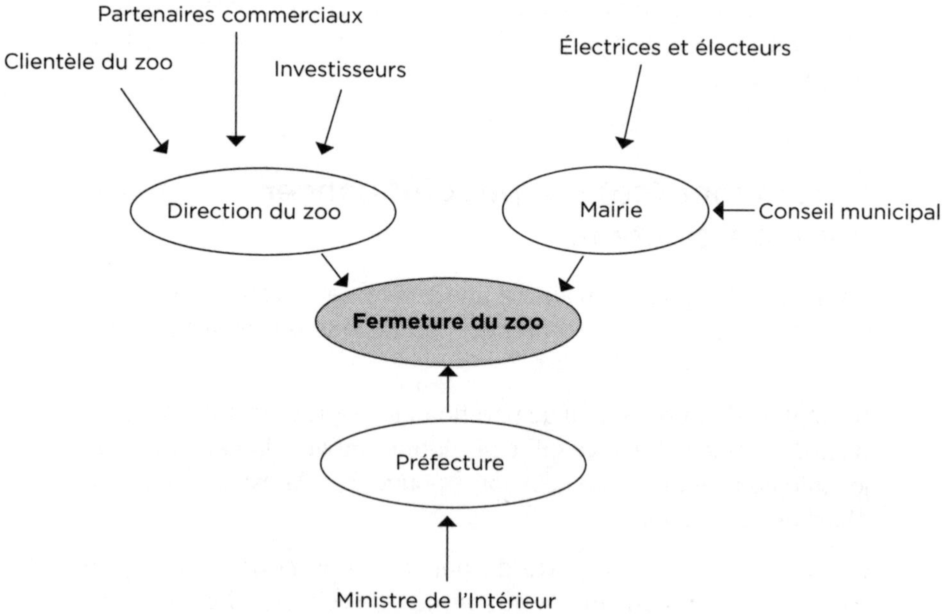

La direction du zoo, la mairie ou la préfecture peuvent décider de la fermeture d'un zoo. Il est peu probable que la direction du zoo prenne cette décision, qui lui serait dommageable. Mais elle peut être prise par les autorités.

Vous pouvez donc décider d'avoir pour destinataire principal de votre campagne le maire de la ville ou le préfet du département. Mais si ceux-ci s'opposent à votre campagne, comment vous y prendre ?

C'est à ce moment-là que le *power mapping* est intéressant. Si la personne qui peut prendre la décision ne vous écoute pas, alors pensez à vous adresser à celles qui l'influencent.

Le maire de la ville ignore vos demandes ? Si vous êtes en période d'élection, vous pouvez tenter de vous adresser à son potentiel électorat, afin qu'il lui demande de changer de position.

Vous pouvez aussi décider de vous adresser à la clientèle du zoo, pour lui demander de ne plus s'y rendre, et pousser le ou la responsable du zoo à mettre les animaux en sécurité, ou encore vous adresser à ses partenaires commerciaux. Par exemple, pourquoi ne pas mener une campagne pour demander à un site de revente de billets en ligne de ne plus vendre de billets pour le zoo ? Ou encore, pourquoi ne pas demander aux entreprises ou institutions qui financent ce zoo de retirer leur soutien ?

On le voit, la cible de votre pétition peut être multiple. Et il n'y a pas de bonne réponse. Le plus important, c'est de déterminer la personne qui a le plus de chances d'influencer la décision ou de la prendre.

Vous avez maintenant les clés en main pour déterminer qui sera le destinataire de votre campagne. Après la définition claire de votre demande, vue au premier chapitre, vous aurez dès lors construit les deux piliers d'une campagne réussie. Mais attention, une campagne citoyenne n'existe pas sans la rencontre des citoyennes et citoyens qui la composent. Nous allons voir dans le chapitre suivant comment trouver le lieu pour leur rencontre.

À retenir

S'adresser à tout le monde, c'est ne s'adresser à personne : **préférez une cible unique et définie** plutôt que de « parler » tous azimuts.

Plus vous serez spécifique, plus vous aurez de chances de vous adresser à la bonne personne et donc d'obtenir une réponse.

Adressez-vous à une personne qui peut prendre la décision plutôt qu'à une personne qui a du pouvoir en général.

Visez juste au lieu de viser haut : plus vous avez de proximité avec la cible, plus vous avez d'influence.

Allez au-delà du gouvernement : pensez aux entreprises qui peuvent résoudre le problème.

Pensez à la « carte du pouvoir » : demandez-vous qui influence la personne qui prend la décision pour adapter votre campagne et vous adresser aux bonnes cibles.

À vous de jouer !

Maintenant que vous avez compris comment déterminer qui a le pouvoir, à vous de définir le destinataire de votre pétition.

Fiche pratique à remplir

Qui peut résoudre le problème / prendre la décision ?

Listez au moins trois personnes et écrivez pourquoi vous pensez que chacune peut le faire.

1. Nom /fonction ....

Pourquoi ? ....

....

....

....

2. Nom /fonction ....

Pourquoi ? ....

....

....

....

3. Nom /fonction ....

Pourquoi ? ....

....

....

....

Réalisez votre carte du pouvoir ici

Écrivez votre demande au centre du schéma, puis ajoutez les personnes que vous avez déterminées comme pouvant prendre cette décision, puis celles qui les influencent (vous pouvez aussi compléter ce schéma et ajouter autant de décisionnaires et de personnes influentes que nécessaire).

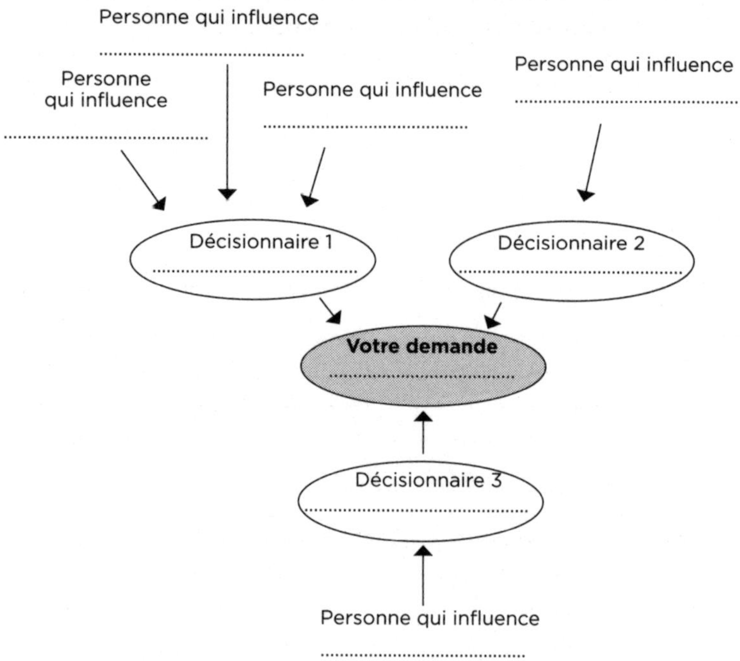

Après avoir étudié votre carte de pouvoir, définissez votre destinataire principal (la personne à qui vous adressez votre campagne) en vous basant sur l'influence que vous pensez pouvoir exercer sur lui

Nom du destinataire ....

....

Fonction..

....

Qui influence cette personne ....

- ....
- ....
- ....
- ....

Définissez votre destinataire secondaire (à qui vous adressez votre campagne si le principal s'oppose à vous ou s'il vous ignore)

Nom du destinataire ....

Fonction ....

Qui influence cette personne ....

- ....
- ....
- ....

CHAPITRE 3
TROUVEZ VOTRE QG

Vous savez ce que vous voulez demander et à qui vous adresser. C'est un très bon début. Vous allez maintenant vous lancer dans la recherche de soutiens, c'est-à-dire de personnes qui voudront pousser avec vous cette demande pour influencer votre cible. Mais avant d'aller les chercher, il faut trouver un lieu où les envoyer.

Si vous dites à quelqu'un : « Je fais campagne pour le renforcement des programmes scolaires sur l'histoire de l'esclavage », il va sans doute vous demander : « Ok, que puis-je faire ? » À ce moment-là, vous devez pouvoir lui indiquer un endroit où aller pour participer à la campagne.

Dans ce chapitre, nous allons aborder la question du point de ralliement pour votre campagne, votre QG, ou quartier général, qui vous permettra de mobiliser autour de vous. C'est la base de toute mobilisation citoyenne : permettre aux gens de se retrouver, de s'identifier, de se compter et d'agir ensemble. Le QG a donc trois objectifs : se retrouver avec ses soutiens, officialiser sa démarche, et montrer que vous êtes un grand nombre (certains diraient « montrer vos muscles »).

Il m'arrive souvent de voir passer sur les réseaux sociaux des réactions de colère ou d'indignation face à une décision politique ou une situation inacceptable. Quand des milliers de personnes prennent la parole pour dire la même chose, on a la certitude que son point de vue est partagé et on en tire un sentiment de force et une envie d'avancer. Mais trop souvent, les personnes qui s'expriment ne se retrouvent pas pour s'organiser, perdant l'énergie de leur indignation dans le flou des réseaux sociaux. Si toutes avaient la capacité de se retrouver pour échanger, s'organiser, pour aller au-delà de l'indignation, elles pourraient pourtant déplacer des montagnes. Il suffirait de dire par exemple « si vous aussi vous pensez cela, signez cette pétition » – ainsi, cette indignation individuelle deviendrait une mobilisation collective.

Chaque fois que j'assiste à cette multiplication des indignations individuelles, j'ai envie d'entrer en contact avec toutes ces personnes en même temps et de dire : « Alors, qu'est-ce qu'on fait ? » Je ressens aussi de la frustration, car l'actualité va souvent très vite, et ce manque d'organisation coordonnée permet aux responsables politiques de passer à un autre sujet et de ne pas donner de réponses aux questions légitimes de la population.

Voilà pourquoi définir un lieu de rencontre pour se mobiliser est indispensable, et c'est ce que nous allons explorer dans ce chapitre : comment déterminer le quartier général de votre mobilisation.

Nous partons ici du principe que nous sommes toutes et tous des activistes non professionnels, avec peu de ressources, donc dans l'impossibilité d'ouvrir un lieu physique pour échanger, mais aussi avec une volonté de mobiliser suffisamment largement, donc de nous adresser à des gens que nous ne connaissons pas forcément. Pour cette raison, nous allons privilégier un « lieu » virtuel pour servir de point de ralliement et organiser votre mobilisation : une pétition, un groupe Facebook, ou encore un forum de discussion sont des exemples.

Vous le verrez dans la suite de ce livre, se retrouver « en vrai » fera aussi partie des éléments clés de votre succès. Mais pour le moment, trouvons notre QG virtuel.

Pourquoi avez-vous besoin d'un QG ?

Lorsque l'on veut s'organiser, avoir un point de rencontre est indispensable. Lorsque vous retrouvez des proches, vous fixez un lieu de rendez-vous. Lorsque vous préparez une visite avec votre famille ou vos enfants, vous allez convenir d'un endroit pour vous retrouver si vous vous perdez. Dans le cas d'une mobilisation citoyenne, ce point de ralliement central est important pour officialiser votre démarche, vous compter, et pour communiquer avec vos soutiens.

Officialiser votre démarche

Comme on l'a vu dans les chapitres précédents, mener une campagne de mobilisation citoyenne, c'est avant tout demander quelque chose à quelqu'un. Il est donc indispensable de déterminer sur quel support vous formulerez cette demande. Votre QG a donc pour premier objectif de servir de « tribune » officielle à votre appel.

Il est nécessaire que ce support soit public : si vous décidez que votre QG sera une chaîne d'e-mails privée que personne ne peut voir ni consulter, alors il ne jouera pas son rôle premier qui est de rendre publique votre demande. Pensez à un lieu virtuel ouvert, consultable par toutes et tous, qui fera référence.

Pouvoir vous compter

Le deuxième rôle que doit jouer votre QG de campagne virtuel est de vous aider à montrer votre force : celle du nombre. Il doit vous permettre d'être capable de vous compter pour dire : « Nous sommes tant de personnes à être d'accord sur ce sujet, et nous demandons des réponses. »

Ainsi, vous obtenez une légitimité face aux responsables politiques ou économiques à qui vous vous adressez.

Ouvrir un site Internet où il est possible de s'inscrire à une newsletter mais qui ne permet pas de voir le nombre de personnes inscrites de manière transparente n'est donc pas une bonne solution. Vous devez pouvoir montrer votre force : la transparence sur le nombre de soutiens est donc indispensable. Sinon, on pourra toujours vous dire que vous exagérez la popularité de votre démarche.

Communiquer avec vos soutiens

Le troisième rôle que doit jouer votre QG de campagne, c'est de vous permettre de communiquer avec les personnes qui font campagne avec vous. C'est peut-être l'aspect le plus important pour obtenir gain de cause, et c'est, malheureusement, souvent celui qui est oublié.

Depuis des années, la phrase que j'entends le plus souvent est « les pétitions ne servent à rien ». Et comme vous vous en doutez, je ne suis pas d'accord. Je crois qu'elles sont jugées inutiles parce que, trop souvent, le rôle central que peut jouer une pétition est omis : elle devient un lieu pour s'organiser collectivement en se mettant d'accord pour mener des actions ensemble. Mettre en ligne une pétition et ne rien faire ensuite est inefficace : c'est la manière dont vous allez relayer votre campagne, mais aussi animer la communauté des signataires qui fera toute la différence.

Si vous vous contentez de créer un QG où les personnes ne peuvent pas échanger les unes avec les autres et où aucune information n'est donnée sur les avancées de la campagne ou des actions à mettre en place pour faire bouger les lignes, alors vous n'êtes pas au bon endroit : trouvez un meilleur QG où vous pourrez vraiment travailler ensemble pour faire changer les choses, où la stratégie est mise en place collectivement, où la démocratie est dans l'action.

Une tribune, par exemple, n'est pas un bon QG : c'est une publication statique qui ne vous permet pas de converser avec vos soutiens. Même si cela peut être une tactique à utiliser pour gagner, comme nous le verrons dans le chapitre 10.

Voici quelques suggestions qui permettent de répondre aux trois exigences d'un QG efficace : publier votre demande de manière publique, vous compter et communiquer entre vous !

Quel QG choisir ?

Plusieurs options en ligne peuvent servir de quartier général à votre mobilisation. Le plus important est de choisir l'outil avec lequel vous vous sentez le plus à l'aise, et de vous assurer que vous maintiendrez ce QG en l'animant régulièrement et en dirigeant systématiquement les soutiens vers celui-ci pour agir, afin de ne pas en perdre les bénéfices. Si vous en changez en cours de route, vous prenez le risque de perdre vos soutiens ou d'affaiblir la force de votre appel aux décideurs et décideuses.

La pétition en ligne

Bien entendu, c'est mon option favorite, vous vous en doutez. J'ai vu tant de mobilisations efficaces sur Change.org que la pétition en ligne semble le meilleur outil, en particulier lorsque l'on n'a ni ressources financières ni expertise technique pour créer son propre outil de mobilisation.

La pétition en ligne permet de construire de la légitimité politique (une demande claire adressée à un décideur, qui permet de compter combien de personnes sont favorables), mais aussi, sur la plupart des plateformes, de communiquer entre signataires pour organiser des actions communes et faire avancer la cause.

De plus, la pétition est un outil que tout le monde comprend : je suis d'accord, je signe. Alors qu'avec certains autres outils, il peut être plus difficile pour vos soutiens potentiels de bien comprendre ce que vous attendez d'eux. La pétition est, depuis des centaines d'années, l'outil le plus plébiscité par les citoyennes et citoyens pour faire entendre leur voix.

Il existe de nombreux sites de pétitions qui permettent à toute personne de lancer la sienne : MesOpinions.com, We Sign It, Avaaz sont quelques exemples. Tous offrent des fonctionnalités différentes. Les plateformes MesOpinions.com et Change.org sont les plus faciles à utiliser et permettent de répondre aux trois besoins précédemment définis : publier votre demande de manière publique, vous compter et communiquer entre vous.

Les groupes sur les réseaux sociaux, blogs et forums

Ces dernières années, de nombreux outils numériques ont servi de base de mobilisation à des mouvements citoyens. Les groupes Facebook ou WhatsApp, ou des forums dédiés sont idéaux pour permettre à des personnes aux intérêts communs de communiquer.

Ces outils permettent parfois de trouver plus facilement des personnes qui ont des points communs avec vous. Leur limite est qu'il est difficile de valider leur soutien à la cause, car tout le monde peut joindre un groupe ou un espace de discussion sans forcément revendiquer un accord avec ce groupe. Cela peut être dû à la simple curiosité, ou à la volonté de montrer une opposition. Au contraire, avec la pétition, on rejoint une communauté d'action en même temps que l'on signifie officiellement son accord en signant.

D'autre part, ces groupes n'énoncent, en général, pas clairement à qui la demande est adressée, ce qui rend l'interpellation du ou de la responsable politique ou économique plus délicate.

Cela dit, comme nous le verrons plus tard, ces outils sont particulièrement efficaces pour diffuser vos messages et pour organiser certaines actions.

Votre propre espace, mais seulement si vous maîtrisez les outils

D'autres options peuvent être envisagées, pour des personnes qui ont les moyens et le savoir-faire pour les utiliser.

Si vous avez des notions de développement web, et un peu de budget, vous pouvez envisager de créer votre propre site pour votre mobilisation. Assurez-vous d'avoir un espace où vous énoncez clairement votre demande, un espace qui puisse rendre compte du nombre de personnes qui soutiennent la démarche, et un espace de communication entre membres. Vous pouvez aussi envisager d'ajouter un espace « actualité » dans lequel vous raconterez les avancées de votre campagne. Mais à moins que vous ne soyez vraiment à l'aise avec la création et la gestion d'outils web, je vous déconseille cette option.

La définition de votre QG est une étape qui peut paraître anecdotique mais qui est en réalité cruciale : la force des mobilisations citoyennes peut se mesurer à la solidarité entre ses membres, et la visibilité de cette solidarité tout comme son ampleur joueront un rôle dans l'influence que vous aurez sur votre cible.

Mais patientez encore un peu avant de commencer à collecter des soutiens : définir votre théorie du changement est indispensable avant de commencer à mobiliser.

À retenir

Il est **indispensable de déterminer un point de ralliement** pour votre mobilisation.

Le mieux est d'en trouver un virtuel, plus facile pour mobiliser facilement et largement.

Ce QG a trois objectifs : **officialiser sa demande, se compter, communiquer pour s'organiser.**

Choisissez l'outil le plus adapté à vos compétences : mieux vaut posséder un outil simple et efficace que passer des heures à comprendre comment coder son propre site (sauf si on adore le faire).

CHAPITRE 4
LE FIL ROUGE DE VOTRE CAMPAGNE : LA THÉORIE DU CHANGEMENT

Faire une bonne campagne, c'est comme écrire un bon livre ou un bon film : il faut avoir un scénario bien ficelé dès le départ, logique et bien construit, pour éviter les déceptions comme à la fin d'une série mal écrite.

Pour atteindre votre objectif, il ne suffit pas de savoir ce que vous voulez demander et à qui : il faut réfléchir à la façon dont vous allez atteindre cet objectif. Il faut que vous soyez capable de dessiner votre plan d'action. Ainsi, à aucun moment, on ne pourra vous rétorquer « ça n'est pas possible », comme vous l'avez peut-être dit en regardant une cascade improbable dans un film d'action.

Cette préparation est indispensable pour vous assurer d'une part que votre campagne peut aboutir, car elle est pensée stratégiquement, et d'autre part que vous ne pouvez laisser personne remettre en cause sa légitimité ou la valeur de votre démarche, car elle est logique et imparable.

Dans le monde de l'activisme, ce plan stratégique pour gagner s'appelle la « théorie du changement ».

La théorie du changement, qu'est-ce que c'est ?

L'idée de « théorie du changement » est utilisée par un grand nombre d'organisations, associations, groupes activistes pour mettre sur le papier par quels moyens ils pensent faire changer les choses. Faire sa théorie du changement, c'est créer son plan d'action et formaliser les étapes nécessaires pour gagner.

Quelles sont les différentes étapes, logiques, qui vont faire que le château de cartes peut s'effondrer ? Comment disposez-vous les dominos pour que, si vous faites tomber le premier, le deuxième s'effondre lui aussi, et ainsi de suite jusqu'à ce que l'ensemble de l'installation soit renversé ?

L'importance d'avoir une théorie du changement

Souvent, lorsqu'une personne lance une campagne de mobilisation pour faire changer les choses, elle est pleine d'entrain, d'espoir et de volonté. Et tout cela est très important.

Mais comme on l'a vu avec la définition d'une demande et d'une cible adaptée, il est indispensable d'avoir une feuille de route, même sommaire, pour ne pas vite perdre sa motivation lorsque l'on fait face à un écueil, ou une situation que l'on n'avait pas prévue.

Votre théorie du changement n'a pas besoin d'être complexe. Vous n'avez pas besoin d'avoir de multiples actions et étapes. Ce qui compte avant tout, c'est la logique. Que chaque action que vous mettez en place soit destinée à faire avancer votre pion d'une case vers la résolution de votre demande.

J'ai souvent travaillé avec des personnes qui, prises par l'émotion, lancent des pétitions afin de dénoncer une situation injuste, mais ne se demandent pas comment elles vont faire changer les choses concrètement, et quelles seront les étapes suivantes à mettre en place après la mise en ligne de la pétition. Le risque est qu'un sentiment de frustration remplace rapidement votre envie d'agir, et cela peut non seulement être un facteur d'échec, mais aussi donner naissance à un sentiment encore plus douloureux lorsque l'on se rend compte qu'on ne fait pas bouger les lignes.

Votre envie d'agir doit être utilisée à bon escient, et canalisée dans votre théorie du changement, pour ne pas gâcher cette belle énergie positive et vraiment changer les choses.

Mettre fin aux violences sexistes et sexuelles : l'exemple de la théorie du changement du collectif Nous Toutes

Le collectif Nous Toutes s'est fait connaître depuis 2017 par différentes actions visant à lutter contre les violences contre les femmes.

Je travaille depuis plusieurs années avec Caroline De Haas, qui a cofondé ce collectif après avoir mené la mobilisation historique contre la loi travail en 2016 et été la porte-parole de l'association Osez le féminisme. Pendant un certain temps, je pensais que le succès des actions de Caroline s'expliquait par le fait qu'elle était connectée médiatiquement, ou qu'elle avait de nombreux relais syndicaux et associatifs. Il se trouve que c'est l'une des raisons, mais pas la seule.

Partir d'où on veut arriver, et rembobiner pour voir où commencer

En 2015, nous avons tenu une formation dans les bureaux de Change.org à l'occasion du 8 mars, Journée internationale des droits des femmes, et nous avons invité différentes expertes à parler de leurs expériences de mobilisation. Caroline a fait une intervention sur les stratégies de campagne, en expliquant comment faire aboutir une pétition citoyenne, à partir de sa propre expérience, notamment lors de la pétition « Loi travail : non merci ».

Elle a montré de manière très visuelle comment réfléchir à son plan d'action, ou théorie du changement, en se plaçant dans la salle, tout à droite, devant les participantes. « Vous vous placez ici, à l'endroit qui correspond à ce que vous voulez atteindre », avait-elle expliqué. Puis elle avait reculé d'un pas : « Ici, c'est l'étape qui précède là où vous voulez arriver. » Elle avait à nouveau reculé d'un pas – « Ici, c'est l'étape encore précédente » –, et ainsi de suite, jusqu'à ce qu'elle se place tout à gauche de la salle en finissant sur ces mots : « Ici, c'est l'étape où vous commencez, l'étape la plus importante à définir. »

Cette démonstration est capitale pour définir sa théorie du changement : il faut partir de l'endroit où l'on veut arriver, et définir, en reculant, les étapes intermédiaires pour y arriver.

La genèse de Nous Toutes

Caroline a mis cette stratégie en place depuis 2017, au lancement du collectif Nous Toutes. Avec ses cofondatrices, elles ont imaginé quelles devraient être les étapes à franchir pour arriver à ce que plus aucune femme ne soit victime de violences.

Je me rappelle la genèse de cette organisation en novembre 2017 : Caroline nous avait demandé de la mettre en contact avec cinq autres femmes qui avaient lancé des pétitions sur Change.org pour lutter contre les violences sexistes et sexuelles. Dans la petite salle de réunion des bureaux de Change.org, se rencontraient Caroline De Haas, Madeline Da Silva, Fatima-Ezzahra Benomar, Laure Salmona et Clémentine Vagne. Elles avaient décidé de rassembler leurs forces pour mettre fin à ces violences.

À la suite de cette rencontre, elles ont créé le mouvement #NousToutes pour organiser, comme cela a été fait dans d'autres pays du monde, une manifestation féministe d'ampleur contre les violences sexistes et sexuelles. Pendant des mois, elles ont constitué un mouvement de soutien solide, en lançant de multiples pétitions et en proposant des actions concrètes aux sympathisantes et sympathisants. En particulier, elles sont très réactives à l'actualité et épinglent systématiquement les comportements sexistes ou les manquements du gouvernement, associant à ces dénonciations des actions à mener (envoyer des tweets, relayer un visuel, etc.) et constituant ainsi une base de soutien solide.

Lors de l'organisation de la grande marche de novembre 2018, la base du mouvement est donc déjà solide, ce qui assurera son succès. Elles avaient lancé sur Change.org un appel à manifester qui a été signé par 150 000 personnes, et, après moult inquiétudes, doutes et beaucoup, beaucoup de travail, finalement, le 25 novembre 2018, un an après leur première rencontre, les rues se sont remplies de femmes marchant. En 2019, le travail a continué sur le même modèle pour faire encore grossir le mouvement, et lors de la marche contre les violences sexistes et sexuelles du 25 novembre 2019, le record de participation a été battu, cette manifestation féministe devenant la plus importante depuis les années 1970.

Créer une base pour faire du bruit : le point de départ de la théorie du changement de Nous Toutes

Cette mobilisation de deux années est précisément la première étape de la théorie du changement de Nous Toutes : créer une base massive de personnes qui veulent mettre fin à ces violences.

Pour le collectif, les violences ne peuvent s'arrêter que lorsque les auteurs de violences cessent ces actes. Pour qu'ils arrêtent, il faut qu'ils soient éduqués à ne pas être violents. Et pour qu'ils soient éduqués à ne pas être violents, il faut qu'un nombre suffisamment important de personnes autour d'eux fasse pression sur eux pour qu'ils prennent conscience qu'ils doivent arrêter. Comment faire pour qu'une pression sociale s'exerce sur les auteurs de ces violences ? Un maximum de personnes doivent être sensibilisées, et être capables de leur dire, au cours d'un repas de famille, lorsqu'ils expliquent avoir mis une main aux fesses d'une de leurs collègues, que c'est inacceptable.

Alors, comment obtenir ce nombre significatif de personnes sensibilisées dans la société ? La première étape est de constituer un premier cercle d'activistes qui vont diffuser le message de sensibilisation (comme nous le verrons aux chapitres 7 et 8), en particulier en réagissant à l'actualité et en lançant des actions pour constituer un cercle de plus en plus large de personnes sensibilisées.

Dans ce cas précis, les fondatrices de Nous Toutes se sont appuyées sur les signataires des pétitions qu'elles avaient lancées chacune de leur côté, et c'est ainsi que cette base a été constituée et mobilisée pour manifester le 25 novembre. Et tout au long de l'année 2018, c'est à force d'actions de ce type que le 25 novembre la marche dans les rues a été si importante. Et qui dit marche visible dit médiatisation. Qui dit médiatisation dit plus de personnes exposées à la question (comme nous le verrons au chapitre 8), qui vont s'inscrire pour suivre l'actualité du collectif, qui peuvent ensuite devenir elles-mêmes porteuses du message sur la fin des violences.

L'étape suivante pour Nous Toutes est que ces personnes engagées se forment à la lutte contre les violences, partout en France. Durant la période de confinement lié au Covid, Nous Toutes a organisé des formations en ligne avec plus de 10 000 participantes, qui ont pu à leur tour former les personnes autour d'elles pour mettre fin aux violences.

Les agresseurs étant souvent nos proches (camarades, famille, collègues), si des milliers de personnes sont éduquées à la lutte contre ces violences, elles pourront leur faire comprendre la gravité de leurs actes et les pousser à arrêter ces violences.

L'idée est de faire masse pour que le niveau de conscience sur les violences soit si élevé dans le pays que les auteurs ne puissent plus agir en toute impunité, voire puissent changer à leur tour et mettre fin à leurs actes.

Le fil rouge de votre campagne : la théorie du changement

Si l'on doit résumer cela en un schéma :

11. Les agresseurs arrêtent d'agresser

↑

10. Les agresseurs sont conscientisés sur la gravité de leurs actes

↑

9. L'entourage des agresseurs est conscientisé et désapprouve le comportement des agresseurs

↑

8. Le grand public est conscientisé sur l'importance et la gravité des violences

↑

7. Les personnes formées sensibilisent leur entourage

↑

6. Ces milliers de soutiens sont formés sur la question de violences

↑

5. La base de soutiens grandit

↑

4. Les médias couvrent les manifestations et parlent des violences

↑

3. De grandes manifestations sont organisées

↑

2. Cette base d'activistes est invitée à se mobiliser dans la rue

↑

1. Des pétitions sont lancées pour dénoncer les violences

Écrire votre théorie du changement

Vous l'aurez compris, écrire sa théorie du changement, c'est mettre à plat le processus qui pourrait amener le changement.

L'exemple de Nous Toutes s'applique à une thématique très large et complexe, car elle touche des millions de personnes et nécessite des changements de comportements importants, mais l'utilisation de la théorie du changement peut tout à fait être mise en place pour des campagnes d'ampleur plus réduite ou d'une moins grande complexité.

Exemple

Vous souhaitez que le supermarché de votre ville ne distribue plus de sacs en plastique. Utilisons la même technique du pas en arrière et ajoutons les actions pour définir l'enchaînement logique des actions que vous allez mettre en place. On part du point d'arrivée (ce que l'on souhaite obtenir) et on recule d'un pas en se posant la question : « Que doit-il se passer pour que cela se produise ? »

Le fil rouge de votre campagne : la théorie du changement

Le supermarché ne donne plus de sacs en plastique

↑

Le supermarché a une alternative en papier pour sa clientèle

↑

La personne responsable du supermarché commande les sacs alternatifs

↑

La personne responsable du supermarché est convaincue qu'il faut une alternative

↑

La personne responsable du supermarché voit d'autres supermarchés faire la même chose et se dit qu'elle pourrait les concurrencer en ayant une meilleure réputation

↑

La clientèle du supermarché montre à la personne responsable du supermarché que cela existe ailleurs en lui envoyant des messages avec des photos d'autres supermarchés, et lui montre qu'elle aura meilleure réputation si elle fait ce changement

↑

La clientèle du supermarché se constitue en groupe d'action pour obtenir le changement et fait valoir ses signatures à la ou au responsable du supermarché

↑

La clientèle du supermarché signe une pétition

↑

La clientèle du supermarché est sensibilisée à l'entrée du supermarché et appelée à signer une pétition

↑

Un groupe de volontaires est posté à l'entrée du supermarché tous les samedis pour sensibiliser

↑

Un groupe de volontaires est constitué de membres de votre entourage

Plus vous irez dans le détail, plus vous serez efficace. Il faut que chaque étape soit relativement facile à mettre en place – si c'est le cas, c'est que votre plan d'action est suffisamment précis. Si vous avez l'impression qu'aller d'une étape à une autre est complexe ou si vous hésitez sur la démarche à adopter, alors arrêtez-vous un instant et essayez de définir des étapes intermédiaires supplémentaires.

Bien sûr, tout cela n'est pas toujours linéaire, et parfois vous mènerez d'autres actions en parallèle pour obtenir le changement : une autre chaîne « logique » peut exister à côté de la première. Dans cet exemple on pourrait imaginer ajouter l'envoi d'un communiqué à la presse locale sur l'action de la clientèle, le média étant ainsi poussé à interroger le ou la responsable du magasin sur sa politique, ce qui pourrait l'inciter à accepter la demande des clients et clientes.

Bien entendu, toutes les situations étant différentes, il n'y a pas *une* bonne manière de faire. Le schéma précédent n'est qu'un exemple, et l'important est de vous assurer que, par rapport à votre contexte et dans votre situation, vous avez un plan d'action pas à pas sur « comment agir ».

Voici maintenant quelques recherches à faire et questions à vous poser afin de pouvoir définir votre théorie du changement.

Trouvez des raisons de croire, leviers et preuves que c'est possible

Un bon moyen de définir les différentes étapes de votre théorie du changement est de trouver des « raisons de croire » ou encore des preuves que la mise en place des mesures que vous demandez est possible. L'idée est de trouver tous les éléments qui vous permettront de faire avancer la cause parce qu'ils rendent votre demande plausible.

Faites des recherches !

Afin de trouver des preuves que votre demande est plausible, prenez le temps de mener quelques recherches. Lorsque j'ai fait mes études, Internet n'était pas aussi développé. Je me rappelle avoir composé mon mémoire de fin d'études en me basant sur des recherches à la Bibliothèque nationale au cours desquelles j'avais fouillé dans des microfilms d'anciens journaux. Le tout numérique a rendu l'accès aux informations qui nous intéressent beaucoup plus aisé. Aujourd'hui, si vous tapez sur Google n'importe quelle question ou n'importe quelle référence, vous trouverez bien un article de presse ou un site Internet qui pourra vous donner des informations dont vous avez besoin, ce qui facilite grandement la rédaction de votre théorie du changement.

Vous pourriez par exemple chercher des articles de presse qui parlent d'autres initiatives semblables à la vôtre et de leur aboutissement, montrant que cette évolution est possible.

Vous pouvez aussi chercher des informations qui prouvent les bienfaits du changement que vous demandez, ou encore des éléments qui prouvent que celui-ci n'est pas coûteux, ni difficile à mettre en place, ni encore dangereux.

La technique « copycat » : copiez ce que d'autres ont déjà fait !

Le terme *copycat* désigne une personne qui en imite une autre. L'idée est donc ici de pousser les responsables que vous ciblez à copier d'autres responsables qui ont déjà mis en place ce que vous demandez. Quoi que vous vouliez changer, faites vos recherches sur Internet pour trouver des antécédents de ce changement ailleurs.

Par exemple, vous souhaitez que les protections périodiques – que vous considérez comme un produit de première nécessité – ne soient pas taxées comme le sont les autres produits ? Regardez si cela n'est pas déjà le cas dans d'autres pays. Vous pourrez ainsi utiliser cet argument pour convaincre les responsables politiques : une étape indispensable dans votre théorie du changement.

C'est ce qu'ont fait de nombreuses activistes féministes il y a quelques années : elles ont vu que la campagne menée par un collectif anglais avait permis de baisser la TVA sur les protections périodiques ; elles ont donc lancé une campagne en disant : « Regardez, l'Angleterre l'a fait ! Pourquoi pas nous ? » Nous avons vu émerger sur Change.org des dizaines de campagnes en France, en Italie, en Allemagne pour faire baisser les taxes sur les tampons. Cela faisait partie de la théorie du changement de ces activistes : en prenant à partie publiquement les responsables politiques et en leur montrant ce que d'autres ont fait, il est possible de les encourager à faire de même. Et cette méthode a été couronnée de succès dans la plupart des pays.

Elle vaut aussi pour les marques : si une marque le fait, pourquoi pas une autre ? Jouer sur le sentiment de compétition entre marques peut s'avérer payant, mais cela peut également marcher entre les candidats à une élection, ou entre les maires ou présidents de région !

Utilisez la logique législative et réglementaire

Pour avoir une théorie du changement plausible lorsque l'on essaye de faire changer une loi ou une réglementation, il faut s'assurer que l'on s'y prend de la bonne manière selon le processus légal. Faites des recherches sur les moyens à votre disposition pour faire entrer en vigueur une mesure. Est-ce du ressort de la loi ? Est-ce qu'un décret ministériel pourrait suffire ? Ou un arrêté préfectoral ? Sans devenir spécialiste en droit public ou constitutionnel, il est important de bien définir si ce que vous demandez est du ressort de la loi ou du règlement, et de définir quels sont les projets de loi sur lesquels vous pourriez vous appuyer, en tentant de faire voter un amendement à une loi par exemple.

La loi définit la règle générale, l'intention du législateur, pose des principes, des objectifs et organise la mise en exécution (dans le temps et dans l'espace). Les décrets et règlements fixent l'application de la loi, concrètement.

Pour simplifier, disons qu'un arrêté doit être conforme à un décret qui doit être conforme à une loi. Si vous voulez obtenir quelque chose qui va à l'encontre d'une loi existante, alors il faut faire voter une nouvelle loi. Mais s'il s'agit de compléter une loi existante sans aller à son encontre, un décret ministériel peut suffire. De même, si une loi est en discussion et que vous aimeriez qu'elle soit modifiée ou complétée, pourquoi ne pas vous concentrer sur l'obtention du vote d'un amendement à cette loi ?

Prenons un exemple : durant le premier confinement dû à la crise du Covid-19, Billy Fernandez, accompagnateur de montagne, voulait que l'on laisse au public la possibilité d'accéder à la nature tout en respectant les règles de distanciation sociale. Afin d'obtenir satisfaction, il a profité du vote de la loi sur le déconfinement pour demander à une députée, Delphine Batho, de porter un amendement visant à modifier la loi sur le déconfinement et à autoriser l'accès à la nature. C'est un bon exemple d'une théorie du changement qui se base sur l'utilisation des ressorts législatifs pour obtenir un changement concret.

Pour vous aider, de nombreuses ressources sont disponibles, par exemple sur le site de Vox Public qui propose des fiches pratiques sur la façon de travailler avec les parlementaires : https://www.voxpublic.org/-Outils-methodologiques-.html

Comprenez ce qui motive votre cible

Pour définir une théorie du changement efficace, il est nécessaire de bien comprendre ce qui motivera votre cible à agir. En effet, c'est en connaissant ses motivations que vous pouvez décider quelles actions ou quels arguments sont les plus efficaces pour la convaincre.

Il existe de nombreuses motivations, mais on peut les classer en quatre grandes catégories.

Le facteur de réputation

Ici, la motivation de votre cible est la manière dont elle souhaite être perçue. Cela peut dépendre de la manière dont on parle d'elle mais aussi de qui parle d'elle.

Réfléchissez aux questions suivantes : Comment votre cible souhaite-t-elle être perçue ? Quelles opinions lui tiennent à cœur ?

Exemple

Johan lutte contre l'utilisation de l'huile de palme dans les produits alimentaires, car sa production a un impact négatif sur les forêts, notamment en Malaisie et en Indonésie.

Il a décidé de demander à la plus grande marque de biscuit française, LU, de ne plus utiliser ce produit, en mettant en avant l'image d'une entreprise qui « détruit le champ des possibles » : il a repris le slogan de la marque (« Ouvrir le champ des possibles ») en le modifiant, ce qui a un impact sur l'image que la marque veut donner.

Le facteur économique

Ici la motivation de votre cible est purement le profit. Le moteur du changement peut résider dans sa peur de perdre du pouvoir économique, le soutien de financeurs, ou de voir ses ventes baisser.

Réfléchissez aux questions suivantes : Quelles personnes financent votre cible ou son organisation ? Qui investit dans son entreprise ? Qui sont ses clients ? Comment pouvez-vous les influencer ?

Exemple

Stéphanie se bat pour la fermeture du parc Marineland qui garde en captivité de nombreux animaux sauvages, notamment des orques.

Au lieu de s'adresser directement à Marineland, qui n'a pas d'intérêt à arrêter ses activités, elle a adressé sa pétition à Groupon, l'un des principaux revendeurs de billets pour le parc, lui demandant de cesser de vendre ce produit.

Le facteur moral

Ici, la motivation de votre cible est morale – elle a un certain nombre de valeurs et veut s'assurer que celles-ci sont respectées.

Réfléchissez aux questions suivantes : Quelles sont les valeurs de votre cible ? De quelles autorités morales se préoccupe-t-elle ? Il peut s'agir de personnes avec une légitimité, une expertise, de leaders sociaux, politiques ou religieux. Qui sont les leaders respectés dans sa communauté ? Qui peut apporter un éclairage moral sur la question en prenant position sur ce sujet ?

Exemple

Iman, le frère de Goncheh, a fait campagne pour que cette jeune Irano-Britannique soit libérée après avoir été emprisonnée parce qu'elle assistait à un match de volley-ball interdit aux femmes en Iran.

Parce qu'Iman savait que le gouvernement britannique ne pouvait moralement soutenir ces pratiques, il a fait pression sur lui afin qu'il évoque le sujet lors d'une rencontre avec les autorités iraniennes, ce qui a permis de débloquer la situation.

Le facteur de responsabilité ou hiérarchique

Ici, il s'agit moins de trouver la motivation de votre cible que d'identifier sa hiérarchie et les personnes responsables que vous pourriez influencer.

Réfléchissez aux questions suivantes : Qui nomme la cible de votre campagne à son poste ou qui peut la remplacer ? Qui a le pouvoir de lui imposer un changement ? De quels soutiens a-t-elle besoin pour exercer son pouvoir ?

Exemple

Les parents de Maeva, morte dans un accident de manège, n'arrivaient pas à obtenir un rendez-vous avec le ministère de l'Intérieur pour évoquer le sujet.

Ils ont demandé aux signataires de leur pétition d'écrire aux députés de leur circonscription afin que ceux-ci incitent le gouvernement à se saisir du sujet. Ils ont obtenu plus de 80 questions écrites de députés au gouvernement. Cela a forcé le gouvernement à recevoir la famille de Maeva.

Conseil de pro : Coline, qui travaille dans mon équipe, écrit souvent une phrase pour résumer sa théorie du changement. Elle ressemble à ceci :

Ma demande... pourra se réaliser si la cible... fait..., et cela sera provoqué par mes actions..., qui joueront sur sa motivation à...

Exemple

Ma demande de suppression des sacs plastique pourra se réaliser si la cible, qui est la directrice du magasin, remplace les sacs plastique par des sacs en papier, et cela sera provoqué par mes actions médiatiques autour de cette interdiction, qui joueront sur sa motivation à avoir bonne réputation.

Il ne suffit pas d'être enthousiaste, en colère, ou de déborder d'énergie pour mener une campagne efficace. Il faut être stratégique. Prenez donc le temps de travailler votre théorie du changement et faites-la relire par d'autres personnes autour de vous pour voir ce qu'elles en pensent. La théorie du changement en poche, vous pouvez vous lancer dans la rédaction de votre appel à mobiliser et raconter votre histoire pour fédérer.

À retenir

Pour obtenir gain de cause, il faut être stratégique : votre théorie du changement doit guider votre campagne. C'est votre plan d'action.

Pour définir votre théorie du changement, **partez de ce que vous souhaitez obtenir, et reculez à chaque fois d'un pas pour définir l'étape précédente** à accomplir, en vous posant la question : « Que doit-il se passer pour que cela se produise ? »

Chaque théorie du changement est unique : il n'y a pas une bonne stratégie, le plus important est de chercher la logique.

Faites vos recherches pour trouver les raisons de croire que le changement que vous souhaitez est possible et savoir comment il peut se produire.

N'hésitez pas à demander à votre cible de faire ce qui a été fait ailleurs pour avoir plus de chances de succès.

Réfléchissez aux motivations de votre cible pour que votre théorie du changement tienne la route.

À vous de jouer !

Maintenant que vous avez compris ce que signifie l'expression « théorie du changement », à vous d'écrire la vôtre.

Fiche pratique à remplir

Quels exemples prouvent que le changement que je veux obtenir est possible ?

(listez au moins 2 exemples)

....
....
....
....

Comment le changement que je souhaite obtenir peut-il se réaliser ?

Cela relève-t-il de la volonté d'une seule personne ? Faut-il qu'une loi soit votée ? Qu'un décret soit pris ? Par qui ?

....
....
....
....

Quelles sont les motivations de ma cible ?

Comment puis-je les activer ?

Ex. : Ma cible veut vendre ses produits. Si je fais chuter ses ventes, elle va réagir à ma demande.

....
....
....
....

Réalisez le schéma de votre théorie du changement ici

Partez du point d'arrivée, et utilisez la technique « je recule d'un pas » en posant la question : « Que doit-il se passer pour que cela se produise ? »

Objectif final : ....

....

....

↑

Étape intermédiaire : ....

....

....

↑

Étape intermédiaire : ....

....

....

↑

Étape intermédiaire : ....

....

....

↑

Étape intermédiaire : ....

....

....

↑

Première étape : ....

....

....

Écrivez votre théorie du changement

Ma demande... pourra se réaliser si la cible... fait..., et cela sera provoqué par mes actions..., qui joueront sur sa motivation à...

....

....

....

....

....

....

....

CHAPITRE 5
RACONTEZ VOTRE HISTOIRE POUR FÉDÉRER

Quand j'étais petite, j'adorais que ma mère me lise des histoires. À l'âge de 6 ou 7 ans, ma préférée racontait l'histoire d'une famille de souris.

Dans cette histoire, une inondation mettait en danger le trou dans lequel la famille souris vivait. Immédiatement, la maman souris prenait les devants et s'organisait pour mettre en sécurité les enfants souris, et sauvegarder ce qui pouvait l'être de la maison souris. Le papa souris, lui, était complètement dépassé. Il restait sur son fauteuil à lire le journal pendant que le désastre s'annonçait. La morale de cette histoire, c'était bien sûr que les mamans, souris ou pas, sont celles qui sont toujours là pour résoudre les problèmes et nous protéger.

Je me demande à quel point ce livre a influencé ma construction de petite fille et l'image que j'ai aujourd'hui des mères, des femmes, mais aussi des pères. Une chose est sûre, c'est qu'avec une simple histoire, j'ai pu entrevoir, à seulement 6 ans, ce que c'était que d'être mère, et de vouloir sauver ses enfants. Mais aussi peut-être, à quel point nous devions amener les papas à prendre plus de place dans la vie domestique.

Je n'irai pas jusqu'à dire que ce conte m'a rendue féministe ! Mais il est certain que notre cheminement et notre réflexion en tant que citoyennes et citoyens sont faits de toutes ces expériences que nous vivons et qui éveillent notre esprit sur des problématiques de société qu'on voudra peut-être, dans le futur, faire changer. Et dans la petite enfance, nos expériences les plus courantes sont celles des émotions que nous ressentons en écoutant des histoires.

Les histoires sont universelles : nous en avons toutes et tous, dans notre vie, écouté, raconté, partagé. Dans les livres que nous lisons bien sûr, mais aussi les films et séries que nous voyons ou encore les chansons que nous écoutons... Partout, le récit nous permet de nous connecter aux sentiments et au vécu d'un autre être que nous ne connaissons pas forcément.

Pour rassembler largement, toute mobilisation citoyenne a besoin de trouver un dénominateur commun entre les personnes qui la constituent. Et ce dénominateur est bien souvent une émotion partagée, qui permet de se rassembler par le cœur – quand il est difficile de dépasser les schémas logiques et les idées préconçues. Les histoires permettent de trouver cette émotion commune. Elles déclenchent en nous ce qui nous permet de dépasser l'approche logique, d'aller au-delà de ce que l'on connaît et reconnaît. Les histoires nous mettent en contact avec nos émotions et avec les autres, elles nous aident à éprouver de l'empathie.

Dans ce chapitre, voyons comment raconter votre histoire peut vous aider à mobiliser largement pour changer les choses.

De la difficulté de parler en son nom

Je ne compte plus le nombre de fois où j'ai dû convaincre des pétitionnaires de raconter qui ils ou elles sont et pourquoi ils ou elles font campagne. Très souvent, par pudeur – ce que je peux comprendre –, ces personnes ne souhaitent pas se mettre en avant. Selon notre éducation ou notre confiance en nous, il peut nous être plus ou moins difficile de parler de nous. Fréquemment, c'est aussi parce que les personnes pensent que leur témoignage n'apporte rien. Elles ne se sentent pas légitimes à porter la parole et ont le sentiment que partager leur vécu ne rendra pas la mobilisation plus forte.

Il y a aussi une culture du collectif dans les mouvements sociaux, où l'on ne parle que de groupe, pas des individus, ce qui laisse penser que se mettre en avant, c'est nécessairement être égocentrique.

Même si cela peut être le cas pour certaines personnes, se mettre en avant peut aussi être un engagement qu'on fait pour le groupe : en racontant son expérience, on donne en fait la parole à d'autres qui vivent la même chose. Le témoignage individuel devient ainsi éminemment collectif en donnant encore plus de force au message et en le rendant plus accessible.

Le syndrome de l'imposteur et la recherche de légitimité

D'après ce que j'ai pu observer ces dernières années, l'obstacle principal reste la peur de ne pas être légitime pour parler, ce que l'on peut rapprocher du concept du « syndrome de l'imposteur ».

Ce « syndrome de l'imposteur » a été identifié dans les années 1970 par Pauline Rose Clance et Suzanne Imes, deux professeures de psychologie américaines. Il s'agit d'un mécanisme psychologique que tout le monde est susceptible de vivre un jour : l'impression permanente de ne pas être à sa place, malgré les réussites objectives, de ne pas avoir de légitimité, de jouer un rôle. Avec la crainte d'être un jour démasqué.

Cela se traduit par différents mécanismes, comme le dénigrement de ses compétences, l'attribution de son succès à des facteurs externes comme la chance, la peur de l'échec. Dans les mobilisations citoyennes, on rencontre des personnes qui, bien que directement concernées par les problématiques qu'elles soulèvent, la cause qu'elles défendent, ne pensent pas être « à la hauteur » pour en devenir l'un ou l'une des porte-parole.

Ce « syndrome » est un véritable problème pour nos sociétés. Mon travail consiste à donner la parole à des personnes qui ne l'ont pas, ou qui ne la prennent pas. Et j'ai été témoin ces dernières années que l'« empouvoirement », l'émancipation de chacun, n'était possible que lorsque l'on avait développé d'abord un sentiment de légitimité. Lorsque l'on avait su dépasser son syndrome de l'imposteur.

Combien de fois ai-je parlé à des personnes, pourtant directement affectées par certaines politiques publiques, qui refusaient de prendre la parole, car elles pensaient ne pas être légitimes pour le faire, parce qu'elles croyaient ne pas être équipées culturellement ou intellectuellement, ou parce qu'elles étaient certaines qu'elles n'auraient pas d'impact. Beaucoup repoussent à demain leur prise de parole, par peur de ne pas être à la hauteur. Cependant, la seule chose qui leur manque vraiment est le sentiment d'être à leur place.

Notre environnement familial, notre éducation, notre identité, notre bagage culturel ou encore nos lieux de vie ont une grande influence sur notre psychologie et, par conséquent, sur notre capacité à participer à la vie de la cité. Pourtant, la multiplicité et la diversité des prises de parole sont essentielles pour construire une société équilibrée où chacune et chacun se sent partie prenante de son avenir.

Anne Lorient dans l'enceinte du CESE : une leçon de légitimité

Pendant plusieurs années, j'ai travaillé avec Anne Lorient, qui a vécu des années dans la rue. Avec Sarah Frikh, militante et organisatrice de maraude au bénéfice des SDF, elle se mobilise depuis des années pour que des centres d'accueil d'urgence pour les femmes soient ouverts. Elles ont déjà obtenu plus de 400 000 signatures sur leur pétition et ont remporté de nombreuses victoires, comme l'ouverture de plusieurs centres à Paris, mais aussi la mise à l'abri de dizaines de femmes en danger.

En 2018, leur pétition a pris une telle ampleur qu'elles ont été auditionnées par le Conseil économique, social et environnemental (CESE). Elles sont donc venues pour la remise du rapport du CESE, qui préconisait de suivre leur appel et d'ouvrir des centres. Dans l'enceinte de l'hémicycle, au milieu des dorures et du velours rouge des fauteuils, je me rappelle qu'Anne m'a dit : « Je n'aurais jamais imaginé me retrouver là un jour. » Ces mots m'ont émue. Ils m'ont aussi mise en colère. Alors que le sujet qui se discutait dans cette assemblée était la question des femmes vivant à la rue, comment se faisait-il qu'Anne, qui en avait fait l'expérience, ne jugeait pas sa présence indispensable ?

Cela montre bien que prendre la parole est un combat permanent, une lutte contre soi-même pour se sentir à sa place quand on parle de ce qui nous concerne ou nous tient à cœur.

Moi-même, après des années de prise de parole en public en tant que représentante de Change.org, je connais encore des moments où je me dis que tout le monde dans la salle se demande de quoi je parle, se disant sans doute que je n'ai rien à faire là. J'ai déjà été terrorisée à l'idée de voir quelqu'un réaliser que je ne suis finalement pas une vraie experte sur la question qu'on me pose. Au moment où j'écris ces lignes, je ne peux m'empêcher de penser que, peut-être, vous trouverez ce livre décevant, des expertes ou experts étant mieux placés pour traiter le sujet… Je m'interroge encore.

Mais cela n'ôte pas la valeur de mon propos et de mon expérience que je partage avec vous au fil de ces pages. Et surtout, je me concentre sur mon objectif final : que toutes les personnes qui lisent ce livre aient les outils pour se mobiliser à leur tour. Peu importe ma peur, ce qui compte, c'est l'impact que je pourrais avoir.

Et c'est cela que nous devons toutes et tous apprendre à faire : prendre confiance en nous et faire de notre parole, de nos expériences, un atout fondamental pour mobiliser autour de nous et faire changer les choses.

Ce dont vous avez vraiment besoin pour agir (spoiler : pas grand-chose !)

Vous l'aurez compris, pour trouver la force de prendre la parole en votre nom, ce dont vous avez principalement besoin est de confiance en vous ! Voici quelques outils pour vous aider.

Trouvez vos rôles modèles

C'est une expression qu'on entend de plus en plus, et qui fait son chemin au-delà des cercles militants. C'est l'idée qu'il existe autour de nous des personnes auxquelles on peut s'identifier (parce qu'on partage quelque chose avec elles, par exemple leur parcours, leurs origines, leur culture) et qui sont des exemples de réussite, au sens large du terme (elles ont lancé l'alerte sur certains sujets, parlent avec brio d'une cause, ont la capacité à faire bouger les lignes).

Trouver ces personnes qui nous ressemblent et qui ont accompli des choses nous permet de nous projeter dans ce que nous aimerions faire et de lutter contre la peur de l'échec.

Dans mon parcours, j'ai eu de nombreux rôles modèles, des femmes, surtout. Des personnes que j'ai admirées et qui m'ont donné envie d'agir et d'aller plus loin. Il y a eu de nombreuses militantes féministes, mais aussi des artistes ou des personnalités politiques. Récemment par exemple, Alexandria Ocasio-Cortez, une militante américaine devenue sénatrice alors qu'elle ne venait pas d'un milieu favorisé, m'a beaucoup inspirée. Je me suis dit que moi aussi, même si je n'ai pas fait l'ENA, je pouvais prendre la parole pour défendre les droits des citoyennes et citoyens à se faire entendre et à participer aux décisions politiques.

Parfois, il n'est même pas nécessaire d'aller très loin : nos parents, nos frères et sœurs, nos camarades, certains membres de notre entourage… peuvent agir comme des rôles modèles pour nous. Dans mon cas, c'est ma maman qui m'inspire chaque jour : elle a toujours eu le courage de choisir ce qui la rendrait heureuse, même si ce n'était pas toujours facile.

Alors recherchez, dans votre entourage, dans les médias, sur les réseaux sociaux, les personnes auxquelles vous vous identifiez et qui vous inspirent. En particulier celles qui s'expriment et agissent autour du sujet de la campagne que vous aimeriez lancer. Si vous le pouvez, parlez avec ces personnes, et échangez sur votre parcours et vos envies. Si ce n'est pas possible, écoutez-les régulièrement pour semer en vous cette petite graine de confiance qui grandira rapidement.

Assumez qui vous êtes et revendiquez votre identité

L'un des plus gros enjeux de notre temps, indispensable à notre démocratie, est que les personnes qui prennent la parole soient beaucoup plus diverses et que l'on n'entende donc pas toujours les mêmes. C'est en voyant des visages et en entendant des expériences différentes que l'on pourra construire une société à la fois plurielle et unie.

Lorsque vous vous lancez pour mener campagne, assumez complètement qui vous êtes et ce pour quoi vous vous battez. L'authenticité est un ingrédient indispensable. Les autres auront beaucoup plus envie de vous suivre s'ils ou elles voient que vous agissez avec honnêteté.

Ne cherchez pas à inventer un personnage officiel ou à jouer un rôle pour mener votre campagne. La seule légitimité dont vous avez besoin vient de votre engagement pour la cause.

Revendiquez votre identité et ce en quoi elle donne tout son sens à votre engagement. Vous êtes une mère de famille au foyer qui lutte pour une représentation plus équitable des femmes dans les médias ? Votre vécu n'en rendra que votre message plus fort ! Vous êtes un étudiant étranger et vous vous mobilisez contre les discriminations que vous avez pu subir à l'université ? Racontez votre parcours. Sur Internet et dans la rue, on fait confiance à celles et ceux qui avancent à visage découvert, en portant haut et fort leur identité et leurs engagements. Suivez ce chemin !

Faites la différence entre savoir théorique et expertise

J'ai rencontré de nombreuses personnes qui lancent des campagnes en ayant très peur parce qu'elles ne sont pas « expertes » sur le sujet. C'est une vision assez commune dans notre société : seules les personnes qui ont obtenu tel diplôme, ont exercé tel métier, ou fait de la recherche sur tel sujet peuvent s'exprimer. Souvent, cela s'étend à l'idée que seuls les élus, et le plus souvent les hommes, les politiques, les associations qui ont pignon sur rue ou les personnalités médiatiques sont légitimes pour prendre la parole.

Je pense que c'est tout l'inverse : qui est plus légitime pour témoigner qu'une personne directement concernée ? Elle n'a pas besoin d'avoir autre chose que son vécu. Partager son expérience, c'est partager son expertise. J'aime nommer les lanceurs et lanceuses de pétition que je rencontre des « experts ou expertes du vécu ».

Fred Hampton, militant politique afro-américain et membre du Black Panther Party, déclarait, dans un discours devenu historique, en 1969 lors d'un rassemblement à Olivet Church : « Je me fiche de la quantité de théorie dont vous disposez, si aucune pratique ne s'y applique, alors cette théorie n'est pas pertinente. N'est-ce pas ? Toute théorie que vous obtenez, pratiquez-la. Et lorsque vous pratiquez, vous faites des erreurs. Lorsque vous faites une erreur, vous corrigez cette théorie, alors ce sera la théorie corrigée qui pourra être appliquée et utilisée dans n'importe quelle situation. » Raconter votre vécu, c'est parler de votre pratique, et vous donner la chance de faire évoluer la théorie.

Attention cependant à une chose. Ce n'est pas parce que vous n'avez pas besoin de détenir une expertise reconnue que vous ne devez pas vous informer sur le sujet, ou vous assurer que vos déclarations sont exactes. En particulier sur Internet, les fausses informations sont légion, et il est important que vos propos soient sourcés et vérifiés. Il en va de la légitimité de votre campagne et de la confiance qui vous sera accordée par les responsables politiques ou économiques à qui vous vous adressez. N'hésitez pas à faire des recherches sur votre sujet ou à vous renseigner auprès de tiers de confiance : associations, organisations internationales et non gouvernementales, grands médias et médias d'investigation, ou même services de l'administration.

L'importance du « storytelling »

Vous avez à présent la conviction que vous êtes tout à fait apte et légitime pour parler en votre nom. Mais peut-être vous demandez-vous encore pourquoi cela est si important pour faire avancer votre campagne ?

Les histoires que l'on nous raconte, dans les livres, les films, ou même les chansons, nous permettent de nous divertir, de rêver, de nous évader. Mais elles nous enseignent aussi une morale, des valeurs, et nous aident à faire des choix. Et c'est justement le but d'une campagne de mobilisation : pousser les gens à faire un choix, à prendre position pour ou contre une idée.

L'autre jour, j'ai regardé avec les filles de mon compagnon le dessin animé *Mulan*, qui est probablement mon Disney préféré. Il raconte l'histoire d'une jeune Chinoise qui décide de se déguiser en garçon pour partir à la guerre et sauver ainsi son père déjà vieux et malade qui avait été mobilisé par l'empereur. Progressivement, Mulan prend confiance en elle et devient la guerrière la plus forte de l'armée, malgré l'interdiction faite aux femmes de rejoindre les rangs des combattants. En regardant ce dessin animé avec les filles, j'espérais secrètement que dans leur esprit germe l'idée qu'elles pouvaient être ce qu'elles voulaient dans la vie.

En racontant votre histoire, vous pouvez vous aussi inciter votre entourage à croire en vos valeurs, en la vision du monde qui est la vôtre. Et c'est ce qu'on appelle le storytelling (en anglais) ou la mise en récit (en français).

Le storytelling est une méthode de communication fondée sur une structure narrative du discours qui s'apparente à celle des contes et des récits. On ne s'attache pas uniquement à rapporter des faits : on construit également une histoire avec des personnages, des épreuves à surmonter et des enjeux réels de victoire ou de défaite. Ces procédés narratifs permettent de renforcer l'adhésion du public au fond du discours et de l'inviter à l'action.

Il peut s'agir de simples anecdotes ou de grands récits qui, par le biais de l'émotion, vont faire passer plus facilement des messages complexes.

Éveiller l'empathie pour mobiliser

Le rapport de 2016 de l'Action des chrétiens pour l'abolition de la torture, intitulé *L'ordre et la force*, a recensé 89 cas de violences policières en France entre 2005 et 2015, dont 26 mortels. Qu'en pensez-vous ? Ces statistiques suscitent-elles votre émotion ? Cela vous donne-t-il envie d'agir ? Il est possible que non. Il est aussi probable que, comme la majorité de la population, vous n'ayez jamais subi de violences de ce type, ni personne dans votre entourage. Si vous en avez entendu parler, cela vous a probablement paru important, mais quelle place cela a-t-il pris dans les milliers d'informations que vous avez reçues au cours des derniers mois ?

Si je vous dis qu'Adama, le frère d'Assa, 24 ans, est mort le jour de son anniversaire, étouffé sous le poids de quatre policiers, et que ses derniers mots ont été : « Je n'arrive plus à respirer », que ressentez-vous ? Imaginez-vous ce que cela pourrait vouloir dire pour vous de perdre votre frère dans ces conditions ? Trouvez-vous cela triste, injuste, insupportable ?

C'est le cas de milliers de personnes qui se mobilisent depuis des années pour obtenir justice pour Adama. Et ces derniers temps, leur histoire a fait le tour du monde, résonnant avec la mort de George Floyd, cet homme afro-américain mort étouffé lui aussi sous le poids de trois policiers, et dont les derniers mots ont été : « Je ne peux pas respirer. » Nous avons été témoins d'une vague d'indignation mondiale, en écho à l'horreur de ce qu'ont vécu de trop nombreuses personnes, en France et à l'étranger, victimes de violences lors d'interactions avec la police.

L'histoire d'Adama, comme celle de George, est malheureusement ce qui a permis à de nombreuses personnes d'être confrontées à de la réalité des violences policières et du racisme, en France et dans le monde. Leurs histoires et celles des familles d'autres victimes, comme Lamine Dieng, Liu Shaoyao, Baba Traoré, Amine Bentounsi, et tant d'autres, ont permis à beaucoup de comprendre l'horreur et l'injustice du traitement subi par certains et d'affirmer leur solidarité et leur compassion.

C'est parce que leurs familles et des activistes ont raconté leurs histoires, leur vécu et leur souffrance, qu'un mouvement inédit s'est constitué, amenant des dizaines de milliers de personnes place de la République à Paris le 13 juin 2020 pour dire non au racisme et aux violences policières.

Créer de l'empathie est indispensable pour mobiliser autour de vous, et cette empathie se développe lorsque les gens à qui vous adressez se projettent dans votre vécu et se mettent à votre place. Ils peuvent comprendre ce que vous vivez, et auront plus facilement à cœur de vous rejoindre pour vous accompagner dans votre combat.

C'est en créant de la proximité avec les autres que l'on crée de la solidarité. Partager votre histoire est indispensable pour vous connecter avec vos soutiens.

Attirer l'attention des médias

Raconter son histoire a un autre intérêt : attirer l'attention des médias. En effet, et en particulier ces dernières années, les médias se sont mis à relayer massivement les histoires personnelles qui illustrent des problématiques de société. Ils sont également à la recherche de « lanceuses et lanceurs d'alerte » – c'est-à-dire d'individus qui révèlent des problématiques graves dont personne ne s'est encore saisi, médiatiquement ou politiquement.

C'est ainsi qu'on a vu éclore, notamment sur les réseaux sociaux, des médias dont le contenu est quasi entièrement constitué par des vidéos d'individus qui racontent leur vécu et appellent souvent à la mobilisation. C'est le cas de Brut, Konbini, Simone Média ou encore Loopsider, pour n'en citer que quelques-uns.

De la même manière, les médias traditionnels sont constamment à la recherche de témoins pour illustrer leurs articles.

Vous pouvez donc, en racontant votre histoire, attirer l'attention de ces médias, qui valoriseront en premier lieu votre « expertise du vécu » – et pourront vous donner de la visibilité.

Un très bon exemple est celui de Priscillia Ludosky, l'une des initiatrices du mouvement des gilets jaunes : elle a commencé par lancer une pétition contre la hausse du prix de l'essence, et a contacté les médias pour raconter pourquoi elle lançait une pétition – son portrait et son appel ont fait la une du *Parisien*, lui permettant de donner un coup d'accélérateur à sa campagne. Nous verrons dans le chapitre 8 comment mobiliser les médias comme Priscillia a su le faire.

Sa pétition en elle-même était plutôt universelle : elle dénonçait la hausse du prix du carburant. Mais c'est son expérience personnelle, la manière dont cette hausse l'a touchée, qui intéressait les journalistes.

N'hésitez donc pas à raconter votre expérience aux journalistes que vous contactez.

Comment raconter votre histoire

Nous entrons maintenant dans le vif du sujet : comment raconter votre histoire ? C'est un exercice assez simple si l'on suit quelques règles et que l'on garde à l'esprit l'objectif final : mobiliser !

La plupart des discours militants que vous entendrez de la part d'émetteurs plus classiques (associations, certains politiques...) fonctionnent toujours de la même manière : ils décrivent un problème, expliquent pourquoi il se produit, puis proposent une solution pour résoudre le problème.

Le storytelling fonctionne différemment : il s'agit d'abord de capter l'attention, puis de donner envie de provoquer le changement, et enfin de convaincre d'agir en utilisant des arguments.

Les éléments indispensables pour créer de l'empathie

La plupart des histoires suivent le même schéma : il s'agit de l'aventure d'une personne qui veut vraiment quelque chose et qui a des difficultés à l'obtenir. Pensez-y : l'aviateur du *Petit Prince* veut réparer son avion, Vaiana veut rendre le cœur de Te Fiti pour sauver son île, Mulan veut devenir guerrière pour protéger son père et elle se fait rejeter par l'armée parce qu'elle est une femme...

Sympathie et empathie

Un personnage qui rencontre des difficultés attire la sympathie (on se désole pour lui), et celui qui cherche une solution crée de l'empathie (on se met à sa place et on a envie de l'aider). C'est pourquoi une bonne histoire est un bon équilibre entre ces deux aspects. Si vous avez des difficultés mais que vous avez l'air de n'avoir besoin de personne, les gens auront de la sympathie pour vous, mais pas d'empathie. Si vous montrez que vous cherchez une solution et qu'en plus vous avez besoin des autres, alors vous créez de l'empathie : les gens se mettent à votre place et veulent vous aider.

De vrais enjeux auxquels on peut répondre

Mais outre cela, les histoires deviennent prenantes lorsqu'elles comportent de vrais enjeux. Lorsque vous regardez un film et que vous retenez votre souffle à chaque scène, c'est souvent parce que le scénario est efficace. Et cela tient beaucoup aux enjeux qui suscitent à la fois l'espoir et la peur.

S'il n'y a aucun espoir de résoudre votre problème, qui est très inquiétant et effrayant, alors vous allez démobiliser les gens, qui se diront « c'est un cas désespéré ». Inversement, si vous avez beaucoup d'espoir de résoudre la situation et que c'est en bonne voie, mais qu'il n'y a rien de vraiment inquiétant dans le problème que vous décrivez, les gens se diront, au mieux, que vous n'avez pas besoin d'aide, au pire, que votre demande n'est pas vraiment une priorité.

Il est important que la personne qui lit votre histoire comprenne vos espoirs et vos craintes, pour se sentir impliquée et responsable de ce qui va se passer.

Plus votre récit sera précis, plus vous interpellerez les gens. Posez-vous deux questions :

- De quoi ai-je peur exactement ? Nommez les obstacles que vous allez devoir affronter et qui vous font peur.
- Qu'est-ce que j'espère exactement ? Comment votre campagne peut-elle vous aider à surmonter les obstacles ?

Exemple

Je mène une campagne pour que la mairie de ma ville interdise l'ouverture d'une usine polluante près de chez moi.

Ce dont j'ai peur : que la santé de ma famille soit mise en danger. Les obstacles que je vais devoir affronter sont liés à la nécessité de faire prendre conscience du danger aux responsables politiques.

Ce que j'espère : que le projet soit annulé pour que ma famille ne risque rien. Ma campagne peut m'aider à convaincre les responsables politiques du danger pour nos familles.

Une fois que vous avez clarifié les enjeux, vous pouvez passer à l'étape suivante : structurer votre texte !

La structure d'une histoire qui mobilise

Il existe différentes structures narratives, et si vous faites des recherches, vous en trouverez certainement d'autres très intéressantes. Je vous propose ici une structure qui a fait ses preuves pour des millions de personnes qui ont lancé des campagnes de mobilisation citoyenne. C'est aussi une méthode facile à comprendre et à mettre en place.

Elle repose sur sept étapes. Pour illustrer cette structure, je vais imaginer que j'écris un texte de pétition pour mobiliser autour de la crise des hôpitaux lors de la pandémie de Covid-19 :

Étape 1 : L'accroche

L'accroche est la première phrase qui va attirer l'attention dans votre texte. Il peut s'agir d'une question que vous posez à une personne, d'une référence à une actualité, ou encore d'une phrase « choc ». Le but ici est de faire que les gens lisent votre texte en attisant leur curiosité d'une phrase très courte. Vous avez entre deux et sept secondes pour leur donner envie d'en lire plus. Le ton peut être grave ou drôle, à vous de juger selon le contenu de votre texte. Souvent, la « crise » décrite ci-dessous peut être une bonne inspiration pour définir votre accroche.

Exemple

« Les hôpitaux ne pourront bientôt plus nous accueillir. En quelques jours, plus de 14 000 personnes infectées par le Covid-19 ont dû être hospitalisées en réanimation. Mais il n'y a en France que 5 000 lits pour les accueillir. Nous ne pouvons plus attendre ! »

Étape 2 : La crise et l'opportunité

L'objectif est de décrire ici au lecteur la crise dans laquelle nous nous trouvons pour mettre l'accent sur l'urgence de son action. On utilise souvent le terme de *crisitunity* en anglais : il désigne un moment qui est une crise mais aussi une opportunité de changement. C'est l'idée que quelque chose de très grave va se produire, mais si nous agissons, nous pouvons en faire quelque chose de très positif. L'équilibre des deux, entre la crise et l'opportunité, donne envie d'agir.

Exemple

« Nous sommes en pleine épidémie de Covid-19 et des milliers de personnes doivent être hospitalisées en réanimation alors qu'il n'y a pas assez de place dans les hôpitaux. Cette crise nous oblige à répondre à l'appel des soignants qui, depuis des années, expliquent qu'il n'y a pas assez d'argent investi dans l'hôpital pour soigner les patients. »

Parfois, comme dans cet exemple, il est facile de montrer l'urgence, de la situation, mais d'autres fois vous devez vous-même créer cette urgence en utilisant des accroches médiatiques ou des dates limites pour rendre votre appel plus urgent. Par exemple : « Il ne reste que deux jours avant la fermeture de l'enquête publique pour l'ouverture de cette usine » ou encore « Demain, le président va s'exprimer sur la question des violences sexuelles ».

Utilisez l'actualité pour créer de l'urgence, ce qui motivera les gens à agir maintenant et à ne pas reléguer à plus tard la lecture de votre appel.

Étape 3 : Votre témoignage

Ici, il s'agit de donner confiance à la personne qui lit votre campagne, et de créer, comme nous l'avons vu, les conditions pour susciter de l'empathie.

Racontez tout simplement qui vous êtes, pourquoi vous avez lancé cette pétition et en quoi cette campagne est importante pour vous. Quand les gens comprennent pourquoi c'est important pour vous, personnellement, il y a plus de chances pour qu'ils acceptent de vous aider. N'hésitez pas à partager vos sentiments et pas simplement des faits.

Exemple

« Je m'appelle Sofia et je suis infirmière. J'aime mon métier plus que tout. Mais depuis des années, mes collègues et moi travaillons dans des conditions très difficiles : nous n'avons pas assez de lits pour accueillir les gens et nous manquons de masques, de blouses, et travaillons sans compter nos heures à un salaire de misère. Avec l'épidémie de Covid-19, nous sommes désemparés. Tous les matins, lorsque je me lève, je me dis que je ne peux pas laisser mes patients en danger simplement parce qu'il n'y a pas de lits pour les accueillir. Je refuse de mettre en danger ma famille quand je rentre le soir juste parce qu'il n'y a pas assez de masques à l'hôpital. Et je refuse de voir des personnes dans ma ville ou partout en France mourir parce que l'on n'a pas investi dans le service public de l'hôpital. C'est pour cela que je lance cette campagne. »

Étape 4 : La demande

Ici, il s'agit de reprendre la demande en une phrase, claire, directe et simple, que vous avez formulée dans le chapitre 1.

Exemple

« Je demande au gouvernement d'investir immédiatement 10 milliards d'euros dans l'hôpital public pour pouvoir ouvrir de nouveaux lits et payer dignement les personnels soignants dans le cadre du plan de relance. »

Étape 5 : L'espoir et les risques

Il faut désormais décrire en deux paragraphes ce qui se passera si votre campagne aboutit, mais aussi ce qui se passera si elle n'aboutit pas. Plus les risques sont grands, plus les gens auront envie de signer. N'hésitez donc pas à prendre quelques minutes pour réfléchir aux risques et à la manière de les présenter.

Exemple

« Si notre campagne aboutit, nous pourrons éviter que des milliers de personnes perdent la vie faute de lits pour les accueillir. Nous nous assurerons que la santé de toutes et tous sera une priorité et plus aucun soignant ne devra se lever le matin comme moi en ayant peur pour sa vie et celle de ses patients.

Mais si le gouvernement n'agit pas, nous prenons le risque de mettre en danger la vie des patients et de leurs soignants. Et si une autre vague de l'épidémie se déclenche, nous ne pourrons pas accueillir tous les malades et risquons de voir des milliers de morts. »

Étape 6 : La théorie du changement

L'objectif est maintenant de convaincre la personne qui lit que son action est nécessaire et aura un impact.

Il s'agit de démontrer le lien de cause à effet entre l'acte que la personne peut réaliser et la résolution de la crise que vous avez décrite. Il s'agit de montrer concrètement ce que l'action de la personne va provoquer.

Est-ce que le destinataire de la campagne est sensible à la pression médiatique ? Est-ce que cela va lui faire une mauvaise publicité ?

Lorsqu'il s'agit d'une mobilisation citoyenne, le responsable politique ou économique va souvent répondre à la pression de l'opinion publique, comme on l'a vu dans le chapitre 2 et le chapitre 4. Vous pouvez donc utiliser cet élément pour appuyer votre théorie du changement.

Est-ce que cela a déjà marché dans le passé ? Des progrès similaires ont-ils déjà été faits ?

Vous pouvez aussi vous appuyer, comme on l'a vu dans le chapitre 4, sur les raisons de croire que votre campagne peut réussir, en vous basant sur des exemples similaires ou des actions prises par le ou la responsable qui montrent qu'il ou elle est capable d'agir.

Exemple

« Alors que la France entière à ses fenêtres, mais aussi le gouvernement saluent le travail des soignants face à la crise, tous les yeux sont rivés sur le Premier ministre qui doit annoncer le plan d'action face à la crise. Le gouvernement a déjà prévu d'investir des milliards pour sauver l'économie, alors, pourquoi pas sauver notre santé ? Si nous sommes des milliers à signer, et à relayer cet appel sur les réseaux sociaux, les médias s'empareront de notre appel et le gouvernement ne pourra plus l'ignorer. »

Étape 7 : Appeler à agir en rappelant votre demande

Terminez votre texte en rappelant votre demande et en incitant les gens à agir. S'il s'agit d'une pétition, invitez les à signer. S'il s'agit d'une tribune, ou d'un texte publié sur un blog, invitez les à partager. Il est indispensable qu'à la fin du texte, la personne puisse faire une action pour soutenir votre combat.

Exemple

« Soyons des millions à signer cette pétition pour que le gouvernement investisse 10 milliards dans l'hôpital public ! Signez la pétition et partagez-la autour de vous ! »

Et le plus important : un titre engageant !

Je vous conseille de rédiger votre titre tout à la fin – en effet, vous aurez une idée plus claire de ce que vous voulez dire et pourrez en sortir la phrase la plus représentative et la plus engageante.

Vous avez plusieurs options :

- Choisir un titre qui décrit votre demande : c'est selon moi le plus efficace, et cela permet de comprendre tout de suite de quoi vous parlez. Dans ce cas, contentez-vous d'un titre qui nomme la personne à qui vous vous adressez, ainsi que la demande que vous formulez, comme l'explique le chapitre 1.

  Exemple : « Gouvernement : Investissez 10 milliards dans l'hôpital public »

- Vous pouvez aussi décider de montrer une plus grande créativité et de construire une phrase tel un slogan. Pour cela, n'hésitez pas à vous inspirer d'autres campagnes que vous aurez vues passer : rimes, adaptation d'un slogan déjà existant, quelques mots clés percutants…

  Exemple : « Des milliards pour l'hôpital, pas pour le capital »

Titre	Gouvernement : Investissez 10 milliards dans l'hôpital public
Accroche	Les hôpitaux ne pourront bientôt plus nous accueillir. En quelques jours, plus de 14 000 personnes infectées par le Covid-19 ont dû être hospitalisées en réanimation. Mais il n'y a en France que 5 000 lits pour les accueillir. Nous ne pouvons plus attendre !
Crise et opportunité	Nous sommes en pleine épidémie de Covid-19 et des milliers de personnes doivent être hospitalisées en réanimation alors qu'il n'y a pas assez de place dans les hôpitaux. Cette crise nous oblige à répondre à l'appel des soignants qui, depuis des années, expliquent qu'il n'y a pas assez d'argent investi dans l'hôpital pour soigner les patients.

Racontez votre histoire pour fédérer

Témoignage	Je m'appelle Sofia et je suis infirmière. J'aime mon métier plus que tout. Mais depuis des années, mes collègues et moi travaillons dans des conditions très difficiles : nous n'avons pas assez de lits pour accueillir les gens et nous manquons de masques, de blouses, et travaillons sans compter nos heures à un salaire de misère. Avec l'épidémie de Covid-19, nous sommes désemparés. Tous les matins, lorsque je me lève, je me dis que je ne peux pas laisser mes patients en danger simplement parce qu'il n'y a pas de lits pour les accueillir. Je refuse de mettre en danger ma famille quand je rentre le soir juste parce qu'il n'y a pas assez de masques à l'hôpital. Et je refuse de voir des personnes dans ma ville ou partout en France mourir parce que l'on n'a pas investi dans le service public de l'hôpital. C'est pour cela que je lance cette campagne.
Demande	Je demande au gouvernement d'investir immédiatement 10 milliards d'euros dans l'hôpital public pour pouvoir ouvrir de nouveaux lits et payer dignement les personnels soignants dans le cadre du plan de relance.
Espoir et risques	Si notre campagne aboutit, nous pourrons éviter que des milliers de personnes perdent la vie faute de lits pour les accueillir. Nous nous assurerons que la santé de toutes et tous sera une priorité et plus aucun soignant ne devra se lever le matin comme moi en ayant peur pour sa vie et celle de ses patients. Mais si le gouvernement n'agit pas, nous prenons le risque de mettre en danger la vie des patients et de leurs soignants. Et si une autre vague de l'épidémie se déclenche, nous ne pourrons pas accueillir tous les malades et risquons de voir des milliers de morts.
Théorie du changement	Alors que la France entière à ses fenêtres mais aussi le gouvernement saluent le travail des soignants face à la crise, tous les yeux sont rivés sur le Premier ministre qui doit annoncer le plan d'action face à la crise. Le gouvernement a déjà prévu d'investir des milliards pour sauver l'économie, alors, pourquoi pas sauver notre santé ? Si nous sommes des milliers à signer, et à relayer cet appel sur les réseaux sociaux, les médias s'empareront de notre appel et le gouvernement ne pourra plus l'ignorer.
Appel à l'action	Soyons des millions à signer cette pétition pour que le gouvernement investisse 10 milliards dans l'hôpital public ! Signez la pétition et partagez-la autour de vous !

Comment construire un texte solide mais aussi engageant

Parlez à votre audience !

Au-delà de la structure de votre texte, il est important d'utiliser des expressions et des mots qui vont être les plus engageants possible.

Voici quelques principes :

1. **Captivez l'attention, soyez dynamique et incitez à l'action :** racontez votre histoire en ayant toujours en tête de montrer l'urgence d'agir.

2. **Adoptez un langage direct et évitez d'utiliser un ton trop formel :** inutile de recourir aux formules conventionnelles comme « Madame, Monsieur » en début de texte ou de « Je vous prie de… » en fin de texte. Les expressions comme « par la présente » ou « je soussigné » sont à bannir ! N'oubliez pas que si vous adressez une demande à une personnalité publique, vous cherchez avant tout à mobiliser des personnes comme vous.

3. **Utilisez la règle de « l'oncle âgé » ou de « la petite cousine » :** imaginez que vous écrivez à une personne réelle qui peut ne pas être d'accord avec vous politiquement, ne comprendra pas votre humour ou ne connaîtra pas toutes les institutions auxquelles vous faites référence. Restez simple et assumez que personne n'a jamais entendu parler de votre sujet : pas d'acronyme, de *private joke*… Ces personnes par contre peuvent être émues par une histoire qui concerne un être réel, comme elles.

4. **Vérifiez vos sources :** si vous faites référence à des chiffres, assurez-vous qu'ils sont justes. Si vous citez des personnes, assurez-vous qu'elles ont bien dit ce que vous avancez et

utilisez le discours rapporté – « Leila a dit que... », « Un témoin a rapporté que... » – pour éviter de colporter des rumeurs ou des allégations non fondées.

Pensez à l'image

Illustrer votre campagne

Pour diffuser votre campagne, une illustration est indispensable. Il faut trouver une image qui attire l'attention, et qui aura la capacité d'interpeller tout en expliquant en un clin d'œil ce pour quoi vous vous mobilisez.

Avec le titre de votre campagne, l'image est la première chose que les internautes verront sur votre page et les réseaux sociaux. Il faut donc la choisir avec soin.

Elle doit générer de l'émotion : une bonne image capture l'émotion de votre campagne et a la capacité de résumer votre histoire en un instant, même hors contexte. En général, les photos de personnes sont plus émouvantes.

Vous n'avez pas d'image ? Utilisez Internet : les meilleures photos pour illustrer votre campagne sont les vôtres, en particulier lorsqu'il s'agit d'un combat personnel. Mais vous pouvez trouver des photos sur Internet pour illustrer votre pétition en utilisant des sites de photos qui sont libres de droits – une recherche sur Google avec la sélection de l'outil « Réutilisation autorisée » vous permet de trouver ces photos. Des sites spécialisés comme Pixabay, Compfight ou Flickr sont aussi utiles pour trouver une bonne photo.

La vidéo, votre atout spontanéité

La vidéo est devenue un outil de communication très prisé, non seulement parce qu'il est très rapide et efficace à mettre en place maintenant que nous avons presque toutes et tous des téléphones qui permettent de filmer, mais aussi parce que les messages peuvent y être véhiculés de manière spontanée et authentique, ce qui renforce encore la portée de votre témoignage.

Pour illustrer votre campagne, n'hésitez pas à enregistrer une vidéo, qui peut tout simplement reprendre le texte que vous avez rédigé, ou le compléter. Ce sera un outil aussi facile à diffuser sur les réseaux sociaux. Ne cherchez pas à filmer une superproduction : utilisez le mode selfie de votre téléphone, racontez votre histoire face caméra, et publiez avec un lien vers votre site, votre pétition ou votre page sur les réseaux sociaux où se trouve votre appel ! Nous en reparlerons dans le chapitre 8 !

Écrire son histoire pour fédérer peut se révéler être un exercice difficile. Là encore, prenez le temps de parler avec vos proches et de leur soumettre votre texte pour vous assurer qu'il est à la fois authentique et efficace. Il peut aussi être utile de tester s'il est compréhensible, en le soumettant à une personne qui n'est pas familière avec le sujet que vous abordez.

Une fois ces vérifications faites, vous allez pouvoir réfléchir au moment le plus opportun pour le diffuser et lancer officiellement votre campagne. Là encore, pas de précipitation : préparez-vous en amont pour avoir le plus de succès possible et ne vous lancez pas encore, même si vous mourez d'impatience de partager votre combat.

À retenir

C'est en créant de la proximité avec les autres que l'on crée de la solidarité. Pour cela, il faut raconter des histoires. C'est le meilleur moyen pour générer de l'empathie et donc rassembler les gens autour de soi. C'est aussi une manière d'attirer l'attention des médias.

Votre histoire est votre légitimité : vous êtes expert ou experte du vécu ! N'ayez pas peur de prendre la parole, car votre histoire personnelle sert le groupe. Faites de votre parole, de vos expériences, un atout fondamental pour mobiliser autour de vous et faire changer les choses.

Pour développer votre confiance en vous et avoir plus d'impact : **trouvez vos rôles modèles et revendiquez fièrement votre identité.**

Vous n'avez pas besoin de posséder une expertise « officielle » pour prendre la parole, mais assurez-vous que vous disposez de bonnes informations.

Pour raconter votre histoire, suivez la structure du storytelling de mobilisation : accroche, crise, témoignage, demande, espoirs et risques, théorie du changement, appel à l'action.

N'oubliez pas d'écrire pour votre audience : utilisez des expressions accessibles et fédératrices et faites bon usage de l'image, en particulier de la vidéo.

À vous de jouer !

Fiche pratique à remplir

Pour s'inspirer

Qui sont mes rôles modèles, et pourquoi ?

....

....

....

....

Se préparer à raconter son histoire

Quels sont les enjeux ? De quoi ai-je peur ?

....

....

Qu'est-ce que j'espère ?

....

....

Écrire son texte

Titre

....

....

Accroche

....

....

Crise et opportunité

....

....

....

Témoignage

....

....

....

Demande

....

....

....

Espoir et risques

....

....

....

Théorie du changement

....

....

....

Appel à l'action

....

....

....

Une fois votre texte écrit, prenez votre téléphone et lisez-le face caméra pour enregistrer votre vidéo d'appel à mobilisation – si vous le pouvez, racontez votre histoire sans lire !

ÉTUDE DE CAS
COMMENT CHRISTELLE A RACONTÉ SON HISTOIRE ET SAUVÉ DES MILLIONS DE VIES

Parfois, notre arme la plus efficace pour faire changer les choses est de raconter, sans fard et avec sincérité notre histoire, aussi douloureuse qu'elle puisse être.

Christelle a perdu sa jeune fille Pauline après une overdose de codéine. Cet analgésique, vendu sans ordonnance en pharmacie au prix de 5 euros, est en effet devenu une nouvelle façon pour les adolescentes et adolescents de se droguer. La plupart du temps, cette drogue est consommée sous forme de *purple drank*, une boisson popularisée par quelques rappeurs américains, mélange de soda, de sucre et de codéine. Cette boisson a eu un effet tragique sur la vie de nombreux jeunes partout dans le monde.

« En apparence tout allait bien, elle avait de très bons résultats scolaires, elle faisait beaucoup de choses, elle jouait avec ses petites sœurs, on mangeait tous les soirs ensemble, elle était très sage, très raisonnable », expliquait Christelle dans les médias. « J'étais persuadée que si Pauline avait un jour un quelconque problème, elle m'en aurait parlé. »

En réalité, Pauline était très déprimée, et consommait régulièrement de la codéine, qu'elle se procurait sans ordonnance dans les pharmacies. Un matin, Christelle a appelé sa fille pour qu'elle se lève. N'obtenant pas de réponse, elle se rend dans sa chambre, et réalise qu'elle est en arrêt respiratoire. Les secours tenteront de la réanimer, en vain. Dans son lit, ils trouveront trois boîtes de médicaments à base de codéine. L'autopsie révélera qu'elle a succombé à une dose toxique de cette substance.

Dévastée par sa disparition, Christelle commence à se renseigner sur le sujet et découvre qu'il existe sur Internet des tutoriels qui expliquent comment préparer ces boissons à base de codéine pour se droguer. Elle comprend alors que des millions de jeunes sont en danger.

« Je ne voyais plus de sens à ma vie telle que je la menais avant et je me suis dit [...] que ce n'était pas possible qu'un adolescent puisse entrer dans une pharmacie, se procurer cette drogue... J'ai transformé toute ma douleur de maman blessée en rage. »

Christelle fait alors de sa souffrance le moteur de sa vie, et décide d'agir pour que plus jamais aucun enfant ne disparaisse à cause de l'usage incontrôlé de ce médicament.

Quelques semaines seulement après avoir perdu sa fille, Christelle se rend sur Change.org et lance sa pétition demandant que la codéine ne soit vendue que sur ordonnance pour empêcher d'autres enfants de perdre la vie.

Son texte est bouleversant et très simple : elle parle avec colère et douleur de ce qui pourrait arriver à tous ces jeunes, mais aussi des derniers moments auprès de sa fille à l'hôpital, sa douleur de ne pouvoir lui sauver la vie. Son texte touche alors des milliers de personnes qui commencent à signer la pétition et à la partager autour d'elles. Son appel attire aussi l'attention d'un journaliste du *Parisien* que Christelle avait contacté pour lui parler de son combat. Quelques jours plus tard, l'histoire de Pauline et le combat de sa maman sont en première page de ce journal, l'un des plus lus en France.

Grâce à cette visibilité médiatique, en quelques semaines, 50 000 personnes signent la pétition de Christelle, qui continue inlassablement, avec un courage immense, à raconter son histoire dans tous les médias qui lui donnent la parole, mais aussi auprès des responsables politiques à qui elle demande d'agir.

Face à la pression médiatique, et au courage de cette mère, la ministre de la Santé décide d'agir. Elle déclare publiquement que l'histoire de Christelle l'a alertée et qu'elle prend un arrêté qui interdit la vente sans ordonnance de ce médicament. C'est une victoire extrêmement rapide, alors que depuis des décennies, des médicaments à base de codéine étaient vendus au tout-venant sans contrôle.

Pour moi, cette campagne est incroyable, non seulement parce que Christelle a réussi à pousser la ministre de la Santé à prendre cette décision, mais aussi parce que Christelle a trouvé le courage de se connecter sur Internet et de partager son histoire par sa pétition alors qu'elle venait de perdre sa fille.

Non seulement son engagement a littéralement sauvé la vie de millions de jeunes, mais son histoire a probablement inspiré beaucoup d'autres personnes qui ont dû prendre conscience qu'elles pouvaient surmonter leurs peurs, leur tristesse, leur désespoir, et en faire quelque chose de positif pour d'autres personnes. Par son action, elle trouve une certaine forme de résilience. Elle met sa force aux service des autres et c'est ce geste d'humanité qui touche au-delà de son drame personnel.

Nos histoires nous rassemblent, nous permettent de nous identifier les uns aux autres. Pour changer le monde, Christelle nous montre qu'être vulnérables et raconter nos combats avec authenticité peut tout changer, car il est presque impossible de refuser d'assister celui ou celle qui traverse une épreuve et a besoin d'aide.

CHAPITRE 6
CHOISISSEZ LE BON MOMENT POUR VOUS LANCER

Maintenant que vous avez défini la demande et la cible de votre campagne, comment et où raconter votre histoire de manière efficace en suivant une théorie du changement plausible, il est temps de vous lancer !

Mais attention, même si, naturellement, vous avez envie de commencer à diffuser votre campagne, retenez-vous ! Choisir le bon moment pour se lancer est primordial pour la réussite d'une campagne de mobilisation citoyenne.

Imaginez que vous entrez dans la chambre de votre fille et souhaitez qu'elle la range, mais que sa meilleure copine vient d'arriver pour jouer avec elle, il y a peu de chances qu'elle coopère facilement. Vous allez probablement devoir vous fâcher. De même, si vous arrivez et lui demandez de ranger alors qu'elle est déjà occupée à faire ses devoirs, vous serez un peu à contre-courant de ce que vous lui avez probablement demandé dans le passé. Et, si vous arrivez alors qu'elle est sortie pour aller jouer dehors, vous allez faire chou blanc.

À la maison ou au travail, dans la vie familiale comme dans la vie politique, tout est question de timing. Et pour les campagnes citoyennes, c'est la même chose.

Pourquoi faut-il attendre le moment parfait ?

Il y a quelques mois, nous avons travaillé avec un groupe d'anciens salariés d'un grand groupe hôtelier. Ils avaient passé la plus grande partie de leur carrière à travailler pour le groupe à l'étranger et celui-ci n'avait pas payé leurs cotisations de retraite. Aujourd'hui retraités, la plupart se retrouvent dans la précarité et ont décidé de lancer une campagne pour demander à l'hôtelier de payer leur dû.

Cette campagne était prête à être lancée : le texte était poignant, la demande forte, la cible précise et la théorie du changement parfaite. Mais nous avons recommandé aux personnes à l'origine de cette campagne de patienter avant de la diffuser : en effet, compte tenu de la force de communication de ce groupe hôtelier, nous voulions nous assurer d'une visibilité suffisante pour que leur appel résonne. Nous avons donc pris le temps de rencontrer des journalistes pour raconter leur histoire et avons patienté jusqu'à ce qu'une journaliste du *Monde* accepte d'écrire un article sur le sujet pour lancer la campagne. Ainsi, nous avons bénéficié d'un lancement très médiatique, qui a permis de faire résonner la campagne le plus loin possible.

Il m'est aussi arrivé de travailler sur une campagne que nous avions prévu de lancer le jour où un ancien chef d'État est décédé. Il était impossible de faire émerger dans l'espace public une autre thématique que celle de sa mort. Nous avons donc décidé de reporter le lancement de la campagne quelques semaines plus tard.

Ces quelques exemples montrent qu'il est crucial d'attendre le bon moment, car durant les premiers jours d'une campagne vous devez vous assurer de la disponibilité des médias et de l'espace public en général pour faire monter la pression.

Les premiers jours d'une campagne sont cruciaux

Pour mettre la pression sur vos destinataires

La plupart des campagnes efficaces sont celles qui créent une pression médiatique sur la ou les personnes à qui elles sont adressées. Ainsi, il est important qu'un grand nombre de personnes rejoignent rapidement votre campagne pour construire cette pression médiatique.

Lorsque votre campagne commence plus doucement, et que les gens la rejoignent au fil des jours, des semaines ou des mois, elle peut être efficace, mais cela nécessite qu'elle fédère un nombre très important de personnes pour être visible.

C'est particulièrement important lorsque l'on lance une pétition : on ne peut pas recueillir plusieurs millions de signatures dans toutes les campagnes. Mais la rapidité à laquelle la campagne grandit peut créer l'événement et attirer l'attention des médias tout comme celle de votre destinataire.

Pour mobiliser largement et être visible

Les personnes qui rejoignent votre campagne vont être plus facilement mobilisables dans les jours, voire les heures où elles découvrent votre appel. Il est donc indispensable de montrer également aux soutiens potentiels que ce qui est en train de se passer est exceptionnel pour qu'ils aient envie de vous rejoindre. C'est ce que certains appellent le FOMO, ou *Fear Of Missing Out* en anglais : la peur de rater quelque chose. Si votre campagne grandit très vite, elle sera visible plus facilement auprès de plus de personnes qui voudront elles aussi la rejoindre pour ne pas rater le moment.

La manière dont les algorithmes des réseaux sociaux fonctionne fait que les contenus ou messages les plus partagés dans un temps donné court (quelques heures, une journée) sont aussi les plus visibles : Facebook va ainsi vous montrer plus facilement un contenu partagé par plusieurs personnes de votre entourage dans les dernières heures qu'un contenu partagé par plusieurs personnes sur les dix derniers jours. De même, les *trending topics* ou « sujets populaires » sur Twitter sont mis en avant sur la base du nombre de personnes qui parlent d'un sujet dans une durée courte.

S'assurer que votre campagne est très visible et qu'elle « explose » dans les premiers jours est particulièrement important.

S'assurer de la disponibilité des médias

S'assurer que les médias seront disponibles pour relayer la campagne est très important, car c'est souvent le premier canal de diffusion : si vous souhaitez voir exploser votre mobilisation, une reprise par un média est souvent le point de départ de la viralité de celle-ci. Il faut donc adapter son timing à celui de la presse pour bénéficier d'une visibilité dans le journal de sa ville ou dans la presse nationale. Nous allons voir comment faire dans la seconde partie de ce chapitre.

Nous vivons dans un monde hyperconnecté où la masse d'informations est gigantesque et où une nouvelle en chasse une autre. Il est donc particulièrement difficile de se faire une place dans les médias traditionnels, en particulier lorsque l'on est un citoyen ou une citoyenne qui ne connaît pas de journalistes.

Avec l'arrivée des réseaux sociaux, et la concurrence des chaînes qui diffusent des informations 24 heures sur 24, l'accès aux médias est devenu cependant plus aisé. Comme plus d'information est produite, il est plus facile de proposer un sujet, d'autant que les journalistes suivent avec attention ce qui se passe sur les réseaux sociaux.

Mais ces mêmes médias répondent également à la logique de la concentration et de l'homogénéité : si une information majeure se présente, tous les médias ne parleront que de cet événement et ne traiteront plus du tout des autres sujets. C'est ce qu'on a vu pendant la crise du Covid-19 : plus aucun média national ne diffusait d'information sur des sujets autres que cette crise, ce qui a rendu toute communication sur des campagnes citoyennes sur d'autres sujets particulièrement difficile. De la même manière, si un chef d'État prend la parole, ou si un attentat a lieu, il sera toujours beaucoup plus difficile de faire émerger un autre sujet.

Lorsque l'on lance sa campagne, il est donc indispensable de s'assurer autant que possible qu'une information majeure ne va pas être traitée par les médias, sous peine de ne pouvoir exister. Il peut même parfois être plus sage d'arrêter tout lancement si cela se produit et d'attendre une fenêtre dans l'espace médiatique.

Nous allons entrer en détail sur la définition de la *crisitunity* ci-après, afin de définir le meilleur moment pour lancer votre campagne en fonction de votre sujet. Mais en général il faut :

- Éviter de se lancer lorsqu'une nouvelle nationale ou internationale bouscule tout le calendrier médiatique et n'est pas en rapport avec votre sujet de campagne (attentat, mort d'un président, élection, etc.).
- Préférer les périodes creuses comme le week-end, les jours fériés, les vacances scolaires qui sont souvent propices à faire émerger des sujets de mobilisation citoyenne, les rédactions ayant besoin de plus d'informations, car l'actualité, en général, est plus calme.

Capter l'attention sur les réseaux sociaux

Aujourd'hui, les premiers espaces de visibilité pour votre campagne sont probablement les réseaux sociaux : vous pouvez y publier librement et gratuitement vos messages et vous connecter à des millions de personnes que vous ne connaissez pas.

Mais cela n'est pas si facile : chaque jour, rien que sur Instagram, 400 millions de stories sont publiées. Autant vous dire qu'il est difficile de s'y faire une place.

Il est donc indispensable que vous trouviez le moment le plus approprié pour vous lancer, afin de surfer sur une conversation existante, et toucher ainsi un public large, ou d'avoir une chance de faire émerger votre appel.

Il peut être intéressant par exemple de réfléchir à l'heure de la journée où le plus de personnes se connectent (et éviter de se lancer au milieu de la nuit !).

Certaines études suggèrent que les gens consultent Instagram sur leur téléphone portable en dehors des heures de bureau. Les temps de pause déjeuner (11-13 heures) ou en début de soirée (entre 19 heures et 21 heures) seraient donc les meilleurs moments pour publier. Mais sur Facebook, beaucoup plus de personnes se connectent via leur ordinateur, pendant leur travail, entre 13 heures et 16 heures (je suis sûre que vous aussi vous l'avez déjà fait !), mais aussi souvent le samedi et le dimanche.

Peu d'études irréfutables existent sur le sujet, et cela dépend beaucoup de votre cause et des personnes que vous visez. Essayez donc de définir qui est votre public cible et à quelle heure il a le plus de chances d'être connecté.

Au-delà des réseaux sociaux, pensez aussi aux sujets qui occupent le débat public au moment où vous voulez vous lancer. Si votre message est en décalage complet avec les discussions du moment chez votre coiffeur ou à la table du repas de famille, peut-être n'est-ce pas le bon moment ? Inversement, s'il est exactement en lien avec ce qui anime les conversations, il faut absolument se lancer.

Par exemple, au moment où j'écris ces lignes, Emmanuel Macron vient de faire un discours pour annoncer les mesures qu'il souhaite prendre pour créer « le monde d'après » Covid-19. Tout le monde en parle sur les réseaux sociaux. Si je veux lancer une campagne sur un sujet qu'il vient d'évoquer, c'est peut-être le bon moment ?

Cherchez la « crisitunity » : crise et opportunité

Trouver le bon moment, c'est donc la clé de votre réussite. Mais ce n'est pas une science exacte, et je ne pourrai pas vous donner de recette qui marche à tous les coups, car tout dépend de votre campagne, de la demande que vous faites, de la teneur de votre message, mais aussi de la personne à qui vous vous adressez.

Il y a cependant des éléments clés à garder en tête pour ne pas se tromper.

J'aime beaucoup le concept de *crisitunity* : c'est la contraction des mots *crisis* (crise) et *opportunity* (opportunité) en anglais. Cette expression permet de comprendre exactement ce que vous devez viser : une crise qui va créer du débat, qui deviendra pour vous l'opportunité de vous faire entendre.

Ces conseils sont valables à la fois pour choisir le moment de lancer votre campagne et pour communiquer tout au long de celle-ci afin d'attirer plus de soutiens. Au fur et à mesure que vous tentez de faire avancer votre campagne, gardez en tête que toute action que vous mènerez devra prendre en compte cette *crisitunity* pour être efficace.

Voici quelques exemples clés que vous pouvez utiliser.

Appuyez-vous sur des événements externes

Le plus facile est souvent de regarder ce qu'il se passe dans l'actualité et d'utiliser ces moments pour lancer votre campagne en utilisant leur existence comme une légitimation de votre action. Cela peut aussi faciliter la reprise par les médias qui, lors d'événements, vont chercher à traiter différents angles d'une même actualité et pourraient vouloir parler de votre campagne.

Les dates clés

Chaque année, nous célébrons les anniversaires de certains événements historiques. Nous avons aussi des journées mondiales et nationales célébrées pour valoriser certaines causes, comme la Journée mondiale de lutte contre le sida, ou la Journée internationale des droits des femmes. Ce sont deux dates clés particulièrement connues, mais vous pouvez trouver une date anniversaire qui fera du lancement de votre campagne une véritable actualité.

Vous pouvez aussi vous appuyer sur une date clé qui concerne votre campagne. Ainsi, avec mon équipe, nous accompagnons la famille d'Ibrahima Bah qui a été tué lors d'un contrôle de police : elle lance des actions en s'appuyant sur l'anniversaire de sa disparition, ce qui permet de légitimer la prise de parole et d'intéresser la presse.

S'appuyer sur des dates clés est souvent le plus confortable : vous pouvez planifier le lancement de votre campagne à l'avance et vous savez à quoi vous en tenir.

Par contre, utiliser ces dates peut aussi être contre-productif, en particulier si beaucoup d'autres organisations communiquent sur les mêmes. Ainsi, si vous êtes un petit collectif féministe naissant, il sera plus difficile pour vous de vous faire entendre lors du 8 mars, Journée internationale des droits des femmes, car toutes les autres associations communiqueront massivement.

Les prises de parole et les déclarations

Lorsqu'une personnalité publique ou politique prend la parole, cela crée un événement. Il peut donc être intéressant pour vous de vous greffer sur cette prise de parole pour communiquer votre campagne.

Par exemple, alors qu'Emmanuel Macron devait prendre la parole pour annoncer les mesures qu'il prendrait en compte dans le cadre de la convention citoyenne pour le climat, le collectif « On est prêt » a lancé une grande campagne vidéo demandant à celui-ci de respecter ses engagements de prendre en compte toutes les mesures, via une vidéo virale diffusée partout quelques heures avant la prise de parole.

Utiliser cette technique de *hacking* de la prise de parole politique peut se révéler très efficace. Car cela permet de surfer sur l'espace médiatique créé pour y ajouter son message.

Cela peut aussi être fait de manière réactive : lorsque Emmanuel Macron avait déclaré durant la crise des gilets jaunes qu'il voulait prendre en compte les pétitions, nous avions, avec mes collègues de Change.org, diffusé en masse des messages lui demandant de répondre aux pétitions qui lui étaient adressées sur notre plateforme.

Il s'agit donc ici de s'appuyer sur des verbatims des responsables politiques ou économiques pour faire avancer son message et de les utiliser comme accroches.

Cette méthode est plus difficile à appliquer mais aussi souvent plus efficace, car elle permet de surfer sur les conversations qui ont lieu sur les réseaux sociaux notamment – et de capter l'attention de celles et ceux qui regardent la télévision ou lisent les informations et commentent sur le sujet. Cependant, elle nécessite une grande réactivité et donc une grande disponibilité.

L'actualité

Au-delà de ces prises de parole ou des événements nationaux ou internationaux identifiés, il est important de suivre l'actualité pour pouvoir lancer sa campagne au moment le plus opportun.

En effet, tous les jours, des événements surviennent et peuvent devenir une accroche idéale pour le lancement de votre campagne. Par exemple, si vous faites campagne contre la fermeture de l'hôpital près de chez vous, et que le gouvernement vient d'annoncer un plan de sauvegarde de l'hôpital public, c'est le bon moment pour lancer votre campagne et demander que cette promesse se réalise aussi pour votre hôpital.

De même, lorsqu'un rapport est publié par une instance locale, nationale ou internationale, vous pouvez vous appuyer sur cette actualité pour lancer votre campagne. Par exemple, si vous voulez faire campagne contre l'utilisation de certains pesticides, peut-être pouvez-vous regarder si un rapport parlementaire ou d'une institution va bientôt paraître, ce qui vous permettra de rebondir sur l'actualité de sa publication pour attirer ainsi l'attention de la presse et des internautes.

Créez l'événement

Parfois, le plus efficace est de créer soi-même l'événement. Il s'agit ici de mettre en place une action suffisamment intéressante pour qu'elle retienne l'attention médiatique et vous donne donc de la visibilité pour le lancement de votre campagne.

Il peut s'agir d'organiser une manifestation, une action symbolique, ou de désobéissance civile, ou encore de publier une vidéo exclusive et choc sur les réseaux sociaux. Ces actions résonneront rapidement et serviront d'appui à votre appel à la mobilisation d'un public plus large. En gros, vous attirez l'attention, ce qui vous permet d'inciter les gens à agir par la même occasion. Nous aborderons plus précisément ces modes d'action au chapitre 10.

Gardez néanmoins en tête que cela nécessite une préparation et un investissement personnel et collectif plus important, et que cela ne marche pas à tous les coups. Mais lorsque c'est le cas, cela peut vraiment faire la différence.

C'est une technique régulièrement utilisée par l'association L214 qui lutte contre la maltraitance animale, en particulier dans les abattoirs. Elle agit systématiquement selon le même modèle : elle publie des vidéos filmées en caméra cachée dans les abattoirs montrant des violences sur les animaux, les révèlent sur les réseaux sociaux en même temps qu'elle lance sa campagne de mobilisation avec appel à signature d'une pétition. Les vidéos étant souvent choquantes mais aussi exclusives, elles attirent l'attention des médias, les débats sur les réseaux, et permettent de créer l'événement pour lancer et valoriser la campagne citoyenne.

Comment ne pas rater le moment opportun ?

Vous pouvez choisir d'utiliser la réactivité en rebondissant sur une actualité ou une prise de parole, ou de planifier à l'avance en vous appuyant sur un événement déjà existant. Dans tous les cas, il faut vous préparer pour avoir différentes options parmi lesquelles vous pouvez choisir et pour pouvoir tester une autre méthode rapidement si vous ne réussissez pas du premier coup (ce qui est très fréquent, et vraiment pas grave, je vous parle en connaissance de cause !).

Mettez en place une veille d'actualité

Être en veille, cela signifie rester attentive ou attentif à ce qui se passe dans le monde pour pouvoir saisir une opportunité de lancement de votre campagne.

Suivez l'actualité !

Il est indispensable que vous suiviez un minimum l'actualité nationale et locale (en fonction de la portée de votre campagne), afin de comprendre ce qui se passe et de pouvoir saisir d'éventuelles opportunités.

Par exemple, il est important de comprendre les débats portant sur des sujets liés à votre campagne pour pouvoir affûter votre réflexion sur la façon de lancer et faire grandir celle-ci.

Choisissez le média que vous préférez, avec lequel vous vous sentez à l'aise. Il convient cependant de regarder aussi régulièrement ce qui se dit sur des médias opposés à votre opinion : en effet, il est nécessaire de comprendre les arguments de vos adversaires pour pouvoir y répondre.

Consultez la presse en ligne ou papier, ou encore la télévision ou les espaces sociaux des grands médias une heure par jour !

Créez-vous des alertes sur des termes clés

Au-delà de votre suivi de l'actualité générale, vous pouvez utiliser des outils pour obtenir des alertes en temps réel sur les articles qui seraient publiés sur le sujet de votre pétition.

Il est donc indispensable de lister des termes clés que vous voudriez suivre pour connaître les développements autour du thème de votre campagne.

Faites un petit exercice et listez tous les mots clés et expressions qui se réfèrent à votre campagne.

Par exemple, si vous faites campagne pour l'accès à la santé dans les zones rurales ou dans les quartiers populaires, vous pouvez mettre en place une alerte sur les termes « accès à la santé », « déserts médicaux ». Évitez les mots trop larges comme « santé », sinon vous allez recevoir beaucoup trop d'alertes !

Il existe différents outils gratuits à votre disposition, comme Google Alertes ou Talkwalker Alerts qui vous envoient des e-mails chaque fois que le mot clé que vous avez choisi est mentionné sur un article de presse ou sur un site Internet. Ainsi, vous pouvez réagir quasi en temps réel.

Suivez les comptes « amis » et « ennemis » sur les réseaux sociaux

Une autre précaution indispensable pour une veille efficace consiste à créer un compte sur les plateformes de réseaux sociaux (Facebook, Twitter, Instagram,...), afin de pouvoir suivre des comptes qui traitent de votre sujet et qui vous informeront efficacement.

En effet, de nombreux comptes experts ont émergé et constituent un complément efficace à la presse classique ; ils sont souvent plus réactifs et très spécialisés.

C'est ainsi qu'Instagram est devenu une plateforme particulièrement utile pour s'informer sur les questions de féminisme ou d'antiracisme via des comptes militants comme « Clit révolution », « Préparez-vous pour la bagarre », « Décolonisons-nous » ou encore « Histoires crépues », pour n'en citer que quelques-uns.

Twitter peut aussi vous permettre de suivre directement les comptes des personnalités politiques que vous ciblez pour connaître en temps réel leurs déclarations, mais aussi de suivre les conversations autour du sujet et de forger votre expertise sur la thématique de votre campagne.

Utilisez toutes ces sources d'information pour préparer votre lancement, mais aussi pour continuer à trouver toujours plus d'opportunités pour faire grandir votre campagne.

Faites un planning des événements à venir

Au-delà de la réactivité à l'actualité quotidienne que vous pourrez découvrir sur les médias ou les réseaux sociaux, il est très utile de faire usage des agendas existants que vous pouvez trouver en faisant quelques recherches sur Internet. Voici ce que vous pouvez regarder en priorité.

Scrutez les agendas des responsables politiques et économiques

Les responsables politiques et économiques agissent souvent sous l'impulsion de l'actualité. Mais ils ont aussi un agenda préétabli qu'il peut être utile d'exploiter. Les visites prévues, les rassemblements politiques ou les assemblées générales des entreprises, l'ordre du jour des assemblées : toutes ces informations peuvent être utilisées pour définir un moment propice pour promouvoir votre campagne.

- **L'agenda parlementaire et celui des collectivités locales :** toute assemblée publie l'ordre du jour des discussions qui vont avoir lieu. C'est ainsi que le site de l'Assemblée nationale et du Sénat rend disponible la liste des commissions, débats ou votes qui doivent avoir lieu. C'est aussi le cas pour les assemblées régionales et les conseils municipaux. Si votre ville n'a pas un site Internet pour les publier, vous pouvez en faire la demande à la mairie.

Grâce au calendrier des discussions des commissions ou des débats, vous disposez d'un tremplin pour lancer votre campagne.

Par exemple, si vous voyez que l'Assemblée nationale réunit une commission sur le thème de l'extrême pauvreté et que vous voulez lancer une campagne demandant plus de financement pour les maisons d'accueil d'urgence des SDF, il peut être opportun de lancer votre campagne le jour de l'ouverture de ces débats ou quelques jours en amont.

- **L'agenda des ministres et du président de la République :** Comme les ordres du jour des assemblées, l'agenda des ministres et du président de la République sont publics. Vous pouvez ainsi vous rendre sur le site des différents ministères ou de l'Élysée pour savoir qui les ministres rencontrent chaque jour dans les semaines, voire les mois, à venir, ou encore quels déplacements ou discours ils ont prévus.

Il peut être utile de lancer votre campagne le jour où une personnalité visite les responsables que vous ciblez pour créer une accroche médiatique et intéresser la presse.

Nous avons travaillé pendant de nombreux mois avec Gulhumar. Alors qu'elle vivait en exil en France depuis douze ans, sa mère est retournée en Chine, son pays d'origine, et a été arrêtée par les autorités chinoises et internée dans un camp où sont enfermés un grand nombre de Ouïghours, une minorité parlant le turc et de confession musulmane. Gulhumar a donc lancé une pétition adressée à Emmanuel Macron lui demandant d'intervenir pour obtenir la libération de sa mère. Afin de faire entendre l'appel de Gulhumar au plus haut niveau de l'État, nous avons soutenu la médiatisation de sa pétition lorsque Xi Jinping est venu en France pour rencontrer Emmanuel Macron.

Scannez donc les agendas des responsables politiques et trouvez le moment qui aura le plus de lien avec votre campagne.

- **L'agenda des entreprises que vous ciblez :** Enfin n'oubliez pas : si vous faites campagne, vous pouvez utiliser les entreprises comme des relais ou des cibles de votre mobilisation.

  Si vous demandez par exemple à une entreprise de cesser certaines pratiques immorales consistant à faire travailler des enfants ou à faire appel à des sous-traitants peu scrupuleux qui exploitent des populations fragiles, regardez quel est l'agenda de cette entreprise.

  A-t-elle prévu dans les mois à venir une assemblée générale que vous pourriez utiliser pour lancer votre appel en vous y rendant ou en manifestant devant ses locaux lors de son ouverture ?

  A-t-elle prévu le lancement d'un nouveau produit dans certaines boutiques où vous pourriez donner de la visibilité à votre campagne ?

  Ou encore, a-t-elle prévu une campagne de publicité sur les réseaux sociaux, que vous pourriez utiliser pour relayer vos messages ?

  Les entreprises sont très sensibles à leur réputation : utilisez ce point faible en émettant vos messages dans les moments stratégiques de communication où elles ont à cœur de développer leurs marques ou de vendre leurs produits.

Listez les événements de l'année

Il n'y a pas que les entreprises et les politiques qui comptent ! D'autres événements sont organisés tout au long de l'année par différents organismes. Voyez ce qui peut vous permettre de vous lancer, soit en vous opposant à ces événements, soit en utilisant la visibilité qu'ils vous offrent quand ils sont organisés par des personnes ou des organisations qui partagent votre combat.

- **Les événements des associations, partis politiques et syndicats :** la société civile et les partis politiques organisent régulièrement des événements, rencontres, manifestations.

Regardez ce que ces organisations préparent et n'hésitez pas à les contacter pour voir dans quelle mesure cela peut être l'occasion de lancer votre campagne.

Si ces organisations ne vous répondent pas ou sont en opposition à votre campagne, vous pouvez de toute manière utiliser l'accroche de leur événement pour parler de votre campagne, notamment à la presse.

- **N'oubliez pas les événements populaires :** Les événements culturels, festifs ou les « marronniers » comme les soldes ou les vacances d'été sont des événements qui peuvent tout à fait constituer une opportunité pour le lancement de votre campagne.

  Vous faites campagne sur un sujet qui a trait au cinéma ? Lancez-vous à l'approche du Festival de Cannes ! Vous vous mobilisez sur la question des déchets issus de l'industrie de la mode ? Lancez-vous le jour de l'ouverture des soldes ! Il y a tant d'opportunités pour vous lancer qui correspondent à des événements connus de toutes et tous.

  Nous avions travaillé il y a quelques années avec une association qui luttait contre le gaspillage et les déchets, Greenpride. Elle a décidé de lancer une campagne spécialement pour le Festival de Cannes demandant aux organisateurs de recycler le fameux tapis rouge. Le lancement a eu lieu quelques jours avant l'ouverture du Festival, permettant de surfer sur l'actualité et de donner de la visibilité à cette campagne, ce qui a poussé le Festival à s'engager à réduire ses déchets.

Cette étape de planification de votre campagne fait partie des plus cruciales mais aussi des plus difficiles. N'ayez pas peur de vous tromper : il peut parfois être nécessaire de tenter de lancer sa campagne à de multiples reprises avant de réussir à l'imposer dans l'espace public. Ne vous inquiétez pas ! Armez-vous de patience et de détermination et planifiez !

À retenir

Pour que votre campagne soit efficace, **elle doit être lancée à un moment opportun médiatiquement.**

Cela est indispensable pour être visible et recueillir rapidement des signatures, ce qui créera une pression plus forte sur les personnes à qui vous adressez la campagne.

Le moment idéal doit être défini à l'aide du concept de *crisitunity* : une crise qui vous donnera l'opportunité de vous faire entendre.

Pour définir ce moment, appuyez-vous sur les dates clés, prises de parole ou actualités en lien avec le thème de votre campagne.

Suivre l'actualité et les agendas politiques et médiatiques est indispensable pour choisir le bon moment.

À vous de jouer !

Fiche pratique à remplir

Quel est le thème de ma campagne ?

....

....

....

Quels sont les sujets apparentés/proches que je devrai suivre ?

Listez les 10 termes clés à suivre et mettez en place vos alertes

1. ....
2. ....
3. ....
4. ....
5. ....
6. ....
7. ....
8. ....
9. ....
10. ....

Listez les 10 comptes Instagram, Twitter ou Facebook à suivre sur le thème de votre campagne pour obtenir des informations

1. ....
2. ....
3. ....
4. ....
5. ....
6. ....
7. ....
8. ....
9. ....
10. ....

Notez les 2 médias que vous utiliserez pour suivre l'actualité tous les jours (l'un en lien avec vos convictions, l'autre opposé)

1. ....

2. ....

Quelles sont les personnalités politiques ou les entreprises dont je dois suivre l'agenda, car leur responsabilité sont en lien avec ma campagne (ce peut être la cible de votre campagne tout comme d'autres acteurs influents) ?

1. ....

2. ....

3. ....

4. ....

Quels sont les événements dans leurs agendas sur lesquels je peux m'appuyer ?

1. ....

2. ....

3. ....

Quelles sont les discussions des chambres parlementaires ou des collectivités locales sur lesquelles je pourrais m'appuyer dans les semaines ou mois à venir ?

- ....
- ....
- ....
- ....

Quels sont les événements dans l'agenda des associations, partis politiques, syndicats ou autres organisations sur lesquels je peux m'appuyer (il peut s'agir d'événements physiques mais aussi de prises de parole, lancements d'un programme, etc.) ?

- ....
- ....
- ....
- ....
- ....

Quels sont les événements populaires, culturels, festifs ou les marronniers (soldes, vacances, fêtes religieuses, etc.) sur lesquels je peux m'appuyer ?

- ....
- ....
- ....
- ....
- ....
- ....

CHAPITRE 7
TROUVEZ VOS SOUTIENS

Il y a quelques jours, j'ai regardé le film *La Marche* qui raconte la grande marche pour l'égalité et contre le racisme qui a eu lieu entre octobre et décembre 1983. Cette marche historique a permis à de nombreuses victimes du racisme, en particulier des immigrés et enfants d'immigrés du Maghreb, de dénoncer les crimes racistes et l'atroce atmosphère de ces années marquées par une montée de l'extrême droite en France. Grâce à cette marche, des avancées considérables ont été obtenues pour les droits des personnes étrangères ; elle a aussi cristallisé un moment clé dans la lutte contre les discriminations.

Dans ce film, on voit comment une marche qui ne rassemblait que quelques individus se connaissant déjà a pu, au fur et à mesure des semaines, grossir jusqu'à atteindre un rassemblement de plus de 100 000 personnes à Paris.

Bien sûr, le film est romancé, et on ne voit pas tout le travail effectué par les personnes qui ont initié cette marche dans la plus grande indifférence. Mais il montre – et cela peut s'appliquer à toute mobilisation citoyenne – l'importance de commencer par convaincre un petit cercle autour de soi pour lancer la dynamique, et de laisser s'élargir ensuite la mobilisation à des cercles de plus en plus larges.

Il est vain d'essayer de s'adresser à tout le monde, tout de suite. D'abord parce qu'il est difficile de parler à beaucoup de personnes en même temps, malgré le pouvoir des réseaux actuels. Pour être entendu, il faut être vu, et pour être vu, il faut être connecté. D'autre part, parce que même si votre message est vu, il faut qu'il soit considéré comme légitime et pertinent : et pour ce faire, avoir un nombre minimal de soutiens, de personnes qui croient vraiment en votre campagne et peuvent devenir vos alliées, est nécessaire avant de passer à un cercle plus large.

Ce chapitre va donc vous donner des clés pour apprendre à fédérer des soutiens de plus en plus nombreux, en opérant cercle après cercle de façon à avoir un nombre de soutiens qui grandit de jour en jour, mais aussi pour savoir à qui parler – et comment – pour être efficace.

Le premier cercle : vos proches, votre soutien sans failles

Cela peut paraître logique, mais les premières personnes que vous devez convaincre sont vos proches : camarades, famille, contacts déjà existants qui partagent vos valeurs et votre combat.

En général, sauf pour l'oncle ou la tante avec qui vous n'êtes jamais d'accord, vos proches sont des soutiens de choix, car ils et elles vont vouloir vous aider dans votre cause. D'abord parce que, par amour, solidarité ou attachement, ces personnes vont vous aider à résoudre votre problème (eh oui, les sentiments comptent pour l'activisme !), mais aussi parce qu'elles se sentent directement connectées à vous et auront donc confiance. Vous n'avez pas à les convaincre de vos bonnes intentions : la confiance est tout de suite acquise.

Commencer par ces personnes vous permet d'obtenir plus facilement un petit nombre de soutiens pour démarrer, et vous donnera plus de force pour aller en chercher d'autres que vous ne connaissez pas.

De plus, les personnes de ce cercle peuvent aussi agir en tant qu'ambassadrices : elles peuvent elles-mêmes aller en chercher d'autres pour rejoindre votre premier cercle.

Alors, prenez votre plus belle plume pour leur envoyer un message, un e-mail ou alors parlez-leur de votre campagne quand vous les voyez : les membres de votre famille la plus proche, vos camarades, sans oublier celles et ceux que vous croisez chaque jour, vos voisines et voisins, vos collègues, les commerçantes et commerçants de votre quartier que vous connaissez bien.

Parlez-leur de vous, de ce que vous ressentez : focalisez-vous sur l'expérience commune et l'attachement ou l'amitié que vous partagez, demandez-leur de vous soutenir par solidarité.

N'oubliez pas, une fois que vous avez convaincu votre entourage, de lui demander d'aller convaincre à son tour des proches en leur envoyant un message ou en leur parlant de l'initiative.

Le deuxième cercle : les personnes concernées comme vous

Une fois que vous avez convaincu vos proches, vous pouvez ensemble aller convaincre plus de personnes. Pour faire grossir votre groupe facilement, le mieux est de commencer par aller chercher des soutiens parmi les personnes directement concernées par votre campagne.

Admettons que vous militez pour obtenir que la mairie de votre ville rende accessible aux personnes en fauteuil roulant ou à mobilité réduite les abords d'un quartier en particulier. Commencez par contacter les personnes handicapées de votre ville par le biais de groupes ou associations locales, ou allez les rencontrer dans la rue à proximité des lieux concernés.

Ces personnes, directement affectées, auront en général à cœur de rejoindre votre campagne. Elles pourront à leur tour aller convaincre autour d'elles d'autres personnes concernées, ainsi que leurs proches.

Le cercle s'élargit alors de plus en plus et vous êtes capable de multiplier les soutiens.

Pour trouver les personnes concernées par votre cause, n'hésitez pas à chercher les associations ou collectifs existant localement ou nationalement en vous renseignant sur internet ou auprès des institutions locales. Si vous êtes vous-même directement concerné par la cause, cela sera facile. Si ce n'est pas le cas, pensez à parler à ces personnes avant de lancer votre campagne - il est primordial de les laisser s'exprimer en premier, et vous devriez penser à leur demander leur avis sur votre campagne avant de vous lancer. Vous pouvez également chercher les groupes Facebook, comptes Instagram ou fils Twitter sur le sujet pour aller convaincre les membres de ces groupes.

Pour ce faire, rédigez un argumentaire court et efficace, que vous pouvez envoyer par courrier, texto ou e-mail aux personnes concernées :

- Expliquez en quoi consiste votre campagne (votre demande et votre destinataire).
- Expliquez votre lien à la cause que vous défendez (votre histoire).
- Expliquez pourquoi son soutien en tant que personne concernée est indispensable pour rendre la campagne efficace et légitime.
- Donnez un aperçu des obstacles qui se dressent sur votre route et précisez pourquoi vous avez besoin d'elle (l'actualité qui joue contre vous, les personnes qui s'opposent).

- Demandez de rejoindre l'initiative (en signant la pétition, en rejoignant le groupe Facebook ou tout autre QG que vous avez défini).
- Impliquez la personne auprès de qui vous partagez votre campagne en lui demandant de partager à son tour.

Enfin, une fois que les personnes vous ont rejoint ou rejointe, n'hésitez pas à leur proposer de jouer un rôle actif dans la campagne : partager le porte parolat de votre campagne, vous aider à trouver des idées d'action, et servir la cause sur le long terme. Nous en parlerons plus en détail dans le chapitre 9. Il est particulièrement important que les premiers concernés restent au cœur des décisions que vous prendrez dans votre campagne pour lui assurer légitimité et efficacité.

Le troisième cercle : les groupes alliés et sympathisants

Ce cercle est très important : il est constitué des personnes qui sont potentiellement sympathisantes de votre cause mais qui ne sont pas pour autant directement concernées. En général, ces personnes rejoignent votre campagne parce qu'elles sont en accord avec votre demande et/ou les valeurs de votre campagne et vont donc non seulement vous soutenir mais aussi avoir à cœur de convaincre d'autres personnes puisque cela correspond à leurs combats personnels ou collectifs.

Ce sont des personnes acquises à la cause, qui représentent souvent les soutiens les plus actifs et les plus engagés pour faire avancer votre campagne. Elles ont une volonté de fer et vont souvent être les plus efficaces pour aller convaincre le quatrième cercle des indécises et indécis.

Récemment, nous avons travaillé avec Jeremy, un livreur à vélo qui a lancé une campagne pour que Deliveroo offre des conditions de travail décentes aux livreurs. La première étape pour Jeremy a été de convaincre d'autres livreurs de se joindre à la mobilisation (cercle des concernés), puis il a commencé à demander du soutien à des organisations syndicales (cercle d'alliés).

Les syndicats de travail représentent pour Jeremy un cercle d'alliés qui peuvent soutenir sa campagne, mais aussi aller convaincre d'autres membres de leur cercle de rejoindre la mobilisation, notamment des militantes et militants syndicaux ou encore des travailleuses et travailleurs précaires d'autres secteurs.

Il est donc nécessaire de faire une recherche sur les alliés potentiels à votre cause : tout comme pour les concernés, utilisez les réseaux sociaux et Internet pour les trouver et les contacter. Et procédez comme avec le deuxième cercle pour leur écrire : rédigez un texte efficace pour leur raconter votre campagne tout en précisant en quoi celle-ci fait écho à la cause que ces personnes défendent.

Pour les convaincre, le plus important est en effet d'expliquer les liens entre votre campagne et leur cause : la campagne de Jeremy concernait les conditions de travail de certains livreurs, en désaccord total avec la vision des syndicats de travail qui défendent l'idée d'emploi stable et sûr, bien rémunéré et offrant aux travailleuses et travailleurs une protection en cas de maladie ou de chômage. C'est exactement ce qui a fait le lien entre la cause de Jeremy et celle des syndicats.

Avec le temps, il arrive que des alliances entre différentes luttes se renforcent, ce qui peut vous permettre de toucher des cercles de plus en plus larges. C'est ainsi qu'on a vu récemment des militantes et militants sur les questions climatiques devenir des alliés des militantes et militants contre les violences policières et contre le racisme. N'hésitez donc pas à chercher des alliés dans des organisations ou groupes qui se sont positionnés sur votre thématique de campagne, même si ce n'est pas le cœur de leur action.

Le quatrième cercle : les indécises et indécis

Les indécises et indécis représentent le groupe qui peut significativement faire passer votre campagne de l'initiative militante à un mouvement citoyen plus large.

Au sein de la population, on distingue toujours trois groupes principaux : ceux qui sont d'accord avec vous, ceux qui sont en désaccord, et ceux qui ne savent pas.

C'est vrai lors d'un dîner de famille, dans une discussion avec vos collègues, et c'est aussi vrai au moment des élections entre les militants ou militantes, les opposants ou opposantes, et les gens qui ne savent pas pour qui voter.

Ce groupe est en général très important en nombre et donc en influence : il y a souvent beaucoup plus de personnes qui n'ont pas d'opinion sur un sujet que de gens qui en ont une. En 2012 par exemple, un quart de l'électorat était indécis à une semaine du premier tour de la présidentielle selon des sondages BVA et IFOP. De même, dans le cadre de mon expérience militante, j'ai souvent rencontré des personnes non militantes qui ne s'étaient jamais posé la question sur un sujet en particulier et qui n'avaient donc pas d'avis.

Ces personnes ne sont pas forcément faciles à convaincre, mais elles peuvent être convaincues, à la différence de vos adversaires avec qui vous devrez composer sans trop espérer les faire changer d'avis. Elles sont souvent peu ou pas sensibilisées ou informées sur les causes que vous défendez et vont pouvoir être convaincues par des faits ou des émotions et expériences que l'on va porter à leur connaissance.

Ces personnes vont être exposées à votre campagne lorsqu'il en sera question dans les médias d'actualité généraliste ou qu'un membre de leur entourage (qui peut faire partie de votre propre entourage, des personnes concernées ou des groupes alliés) partagera votre campagne sur les réseaux sociaux ou leur en parlera.

Pour convaincre ce quatrième cercle, tentez autant que possible de focaliser votre message sur votre vécu et de montrer en quoi votre campagne pourrait changer votre vie et celle des autres : ce groupe va plus facilement ressentir de l'empathie puisqu'il n'est pas dogmatique sur sa position. Il est donc très important de parler de votre vécu et de celui d'autres personnes dans votre cas pour convaincre. Le texte de votre appel tel qu'il est défini dans le chapitre « Racontez votre histoire » sera le plus efficace.

Enfin, prenez le temps d'écouter les questions et les blocages des personnes indécises : cela vous permettra d'identifier les éléments sur lesquels vous devez vous concentrer pour affiner votre argumentaire.

Le cinquième cercle : vos adversaires

Dans toute campagne, il y a des opposants ou opposantes. Je n'ai pas souvenir d'une seule mobilisation citoyenne qui n'ait pas été critiquée, attaquée, voire conspuée. Même pour une campagne très locale qui visait à demander plus de bio dans les cantines, j'ai vu des agriculteurs qui ne produisaient pas en bio s'opposer. Et sur des sujets où le niveau de conscience est encore peu développé et où vous devez faire un travail de sensibilisation, vous trouverez sur votre route de nombreux opposants et opposantes. Il peut s'agir de personnes militantes qui font une campagne hostile à la vôtre, ou tout simplement de personnes qui vont avoir un avis, des intérêts ou des valeurs différentes des vôtres et ne voudront pas vous rejoindre. Il y a peu de chances que vous les convainquiez.

La plupart du temps, on peut travailler avec les adversaires de deux manières :

- **Tenter de comprendre leur argumentaire pour trouver comment les contrer.** En listant les arguments que ces personnes utilisent, vous pouvez préparer ce qu'on appelle un contre-argumentaire qui vous sera utile pour répondre à leurs attaques, pour comprendre ce qui peut bloquer les gens indécis, ou pour réfuter le discours qui, dans les médias ou sur les réseaux sociaux, s'oppose à votre campagne. Par exemple, vous pourrez répondre aux journalistes qui vous opposent les arguments de vos adversaires, pour montrer que vous avez réfléchi aux limites dénoncées par ces derniers et que vous avez des solutions.

- **Négocier avec ces personnes :** même si vous ne vous accordez pas, vous pouvez parfois négocier avec ces opposantes et opposants et construire une solution ensemble qui satisfasse les deux parties. Par exemple, si vous faites campagne pour le bio dans les cantines, vous pouvez travailler avec les agriculteurs ou agricultrices non bio pour vous mettre d'accord sur un délai suffisant pour s'adapter, et pour soutenir ensemble une demande de soutien financier de la part de la Région pour commencer cette transition.

Il y a néanmoins une chose qu'il ne faut absolument pas faire avec ce cercle opposant : perdre votre temps !

Certaines personnes de ce groupe ne veulent pas dialoguer : leur seul intérêt est de vous nuire et de vous faire perdre votre énergie en vous assaillant de critiques ou de questions, de sorte que vous n'avez plus le temps d'aller convaincre celles et ceux qui pourraient encore l'être. Alors, surtout, ne nourrissez pas de débat stérile avec elles, et ne leur donnez pas plus d'importance et de visibilité qu'elles n'en ont. Concentrez-vous sur votre objectif à atteindre, qui est de gagner votre campagne pour faire changer les choses. À partir du moment où vous avez communiqué vos arguments sur une question donnée, passez à autre chose !

Rappelez-vous une règle simple : commencez par constituer autour de vous un cercle de confiance (les proches), puis un cercle d'influence (les personnes concernées et alliées) pour pouvoir convaincre le cercle d'indécis et contrer le cercle d'opposition. Une fois ce groupe de soutien solide et solidaire, vous avez toutes les cartes en main pour faire le buzz et gagner ainsi votre campagne.

À retenir

Pour faire grandir votre campagne, déterminez des cercles des plus proches aux plus éloignés de vous et procédez dans cet ordre pour les convaincre.

Vos proches vous donnent confiance et courage, et constituent un appui émotionnel solide pour toute votre campagne.

Il est indispensable que les personnes concernées soient au cœur de votre campagne pour lui donner toute sa légitimité et sa force.

Pensez aux soutiens potentiels que vous pouvez trouver au sein des groupes qui militent sur les mêmes sujets que vous, mais aussi parmi celles et ceux qui pourraient avoir des intérêts ou valeurs communes.

Étudiez les personnes qui s'opposent pour comprendre comment les contrer ou tenter de négocier, mais ne perdez pas votre temps à leur répondre : « *Don't feed the troll!* » (« Ne nourrissez pas les trolls ! »).

Pour chacun de ces groupes, **apprenez à les connaître et adoptez un argumentaire** et un ton adaptés à leurs valeurs et leurs intérêts.

À vous de jouer !

Fiche pratique à remplir

Listez les proches à qui vous pouvez parler de la campagne en premier lieu

(famille, camarades, relations, voisinage...)

- ....
- ....
- ....
- ....
- ....
- ....

Préparez le message à leur envoyer

....

....

....

....

....

....

Listez les groupes / lieux / organisations qui fédèrent des personnes concernées que vous pourriez contacter

- ....
- ....
- ....
- ....
- ....
- ....

Préparez le message à leur envoyer

....

....

....

....

....

Listez les groupes / lieux / organisations qui partagent les mêmes combats / travaillent sur des causes similaires ou en acord avec la vôtre et que vous pourriez contacter

- ....
- ....
- ....
- ....
- ....
- ....

Préparez le message à leur envoyer

....

....

....

....

....

....

Listez les arguments et questions des indécises et indécis à qui vous parlez de votre campagne et préparez vos réponses

Arguments et questions des indécises et indécis	**Vos réponses**

Préparez le message que vous communiquerez aux indécises et indécis

....

....

....

....

....

Listez les groupes / personnalités / organisations qui s'opposeraient à vous

- ....
- ....
- ....
- ....
- ....

Listez leurs arguments et vos réponses

Arguments des opposantes et opposants	Vos contre-arguments

Listez leurs demandes et vos réponses possibles

Besoins des opposantes et opposants	Vos propositions pour y répondre

CHAPITRE 8
FAITES LE BUZZ

Je dois l'avouer, je déteste cette expression « faire le buzz » : elle a été tellement utilisée par de mauvais vendeurs depuis l'avènement des réseaux sociaux que j'ai beaucoup hésité avant de l'employer. Et en même temps, c'est une formule si populaire que je suis sûre qu'elle parlera à tout le monde.

Faire le buzz, c'est synonyme de battage médiatique, c'est le fait que tout le monde parle d'un sujet. Tel un bourdonnement d'abeille – *buzz* en anglais –, tout le monde en parle, et donc de plus en plus de personnes l'entendent.

L'objectif de ce chapitre est de vous donner un maximum de clés pour optimiser vos chances de faire ce fameux buzz, qui aura un double intérêt : faire grossir votre campagne en la faisant connaître à un grand nombre de personnes susceptibles de la rejoindre, mais aussi augmenter la pression médiatique sur le destinataire de votre campagne pour obtenir gain de cause.

Je ne m'aventurerais pas à vous dire que c'est la recette magique du buzz que je vais vous donner. En dix ans de carrière, je ne compte plus le nombre de fois où je me suis dit que j'allais faire le buzz avec une campagne et que cela ne s'est pas réalisé. Il y a juste une part incontrôlable dans ce qui est discuté et débattu sur les réseaux sociaux et c'est ce qui en fait la particularité : c'est un espace où l'on ne peut pas contrôler l'intérêt des gens. On peut juste essayer d'obtenir leur attention, mais rien ne les oblige à parler de notre sujet. Il en existe tellement d'autres.

Il y a quelques années, je travaillais dans une agence de communication, au tout début des réseaux sociaux, en 2009. Les grandes marques étaient à la fois terrifiées et fascinées par le pouvoir de ces nouvelles technologies. Elles avaient très peur de ce qu'on pouvait dire d'elles sur ces espaces sans qu'elles ne puissent rien contrôler. C'était tout nouveau pour ces organisations qui avaient l'habitude d'être les seules à parler d'elles-mêmes dans les médias traditionnels grâce à leurs publicités.

Mais quelque chose les obsédait plus que tout : c'était de faire ce fameux buzz. Elles voulaient que tous ces gens qui utilisaient les réseaux sociaux parlent d'elles, de leurs produits extraordinaires, de leurs marques révolutionnaires. Mon travail consistait donc à tenter, tant bien que mal, de faire en sorte que des blogueurs et blogueuses qui avaient beaucoup de visibilité parlent de leurs produits. Je ne vais pas mentir : dans 99 % des cas, c'était la dernière chose dont ces personnes avaient envie de parler. Elles n'avaient pas envie de faire la pub de qui que ce soit.

Et c'est là que j'ai appris la leçon que depuis je mets au profit de celles et ceux qui tentent de faire entendre leur voix auprès du plus grand nombre : ne cherchez pas à faire votre pub. Racontez votre histoire de manière honnête, directe et transparente. Mais faites-le en utilisant les codes des médias que vous utilisez. Alors, les gens s'intéresseront à votre campagne. Et peut-être que le fameux buzz commencera à monter.

Voici quelques éléments importants pour favoriser la reprise de vos messages.

Générer de la viralité sur les réseaux sociaux

Générer de la viralité sur les réseaux sociaux va permettre qu'un nombre important de personnes parlent de votre campagne ou la partagent dans un temps très court. Elles vont rejoindre votre campagne, non parce que vous leur aurez personnellement parlé de votre campagne, mais parce qu'elles en auront entendu parler par quelqu'un, qui lui-même en aura entendu parler par une autre personne avant, et qui en parlera à d'autres.

La viralité consiste à passer d'un message délivré de manière verticale d'une personne à une autre à un message délivré par de multiples personnes à de nombreuses autres qui elles-mêmes deviennent messagères, de manière horizontale. Si je devais utiliser une image, il s'agit de passer d'une ligne droite à une toile d'araignée, avec de multiples points de jonction. C'est le principe du bouche-à-oreille, mais sur le web.

Pour que cela marche, il est nécessaire de préparer plusieurs ingrédients pour augmenter vos chances de réussite : réfléchir au bon message sur le bon support, au bon moment, dans la bonne conversation, et à travers des relais influents.

Le bon message sur le bon support

Comme je l'ai expliqué dans le chapitre 5, il est indispensable d'utiliser les messages de votre campagne de départ pour fédérer plus de monde autour de vous. Votre message peut aussi être constitué des arguments ou contre-arguments que vous aurez définis dans vos échanges avec les différents cercles de public avec qui vous avez interagi (proches, concernés, alliés, indécis, opposants).

Cependant, il est indispensable d'adapter les messages de votre histoire au support que vous utilisez pour mieux toucher le public auquel vous vous adressez.

Aujourd'hui, la vidéo et l'image sont devenues des outils très efficaces pour faire passer des messages, notamment de mobilisation citoyenne. Il est plus facile, pour des personnes qui « zappent » vite d'un contenu à un autre, de s'arrêter sur une image ou une vidéo qu'elles pourront appréhender en quelques secondes, ou quelques minutes, que de se lancer dans la lecture d'un long texte. Réfléchissez donc à une manière de raconter votre histoire en une seule image, ou en une courte vidéo.

Bien entendu, nous n'avons pas toutes et tous la capacité à produire des vidéos ou à faire du montage photo. Mais aujourd'hui, avec les réseaux sociaux, tout le monde peut en réaliser gratuitement et facilement grâce à diverses applications.

Voici quelques exemples d'usages qui peuvent être intéressants. Après avoir évoqué le type de contenu que vous pouvez produire en fonction du support, nous regarderons comment et quand les diffuser.

La vidéo : facile et authentique

Aujourd'hui, nous avons toutes et tous – ou presque – accès à un téléphone portable qui peut permettre d'enregistrer en quelques minutes une vidéo. Pas besoin de penser à une mise en scène complexe ou à un scénario compliqué. Prenez votre téléphone en mode selfie, et, face caméra, racontez votre histoire et ce que vous voulez changer, puis appelez les gens à rejoindre votre campagne.

Une autre option, si vous ne voulez pas apparaître mais que vous voulez montrer le problème que vous dénoncez, consiste à filmer ce qui vous met en colère, et à raconter votre histoire et votre campagne comme une voix off.

Un très bon exemple est celui de ce chauffeur de camion, Karim Ben Ali, ancien intérimaire d'un sous-traitant de l'entreprise Arcelor, à Florange, qui s'est filmé en train de déverser des centaines de mètres cubes d'acide dans la nature et qui expliquait pendant qu'il filmait qu'ArcelorMittal lui demandait de déverser cette matière hautement dangereuse dans la nature, alors que cet acide aurait dû être recyclé dans une entreprise spécialisée, ce qui coûte beaucoup plus cher. Sa vidéo a fait le tour des médias et a permis de tenir l'entreprise responsable.

Vous pouvez donc choisir de filmer ce que vous dénoncez et de commenter les images pour appeler les gens à vous rejoindre.

Diffusez ensuite cette vidéo en suivant les conseils sur le bon moment, les bonnes conversations ou les relais influents.

Le live : entrer en conversation vidéo

Vous avez certainement déjà vu une vidéo en direct (ou live) sur Facebook, Instagram ou même sur Twitter. C'est aujourd'hui un outil utilisé par presque tous les réseaux sociaux, toute personne ayant la possibilité de lancer une vidéo qu'elle diffuse auprès de ses contacts en direct. Comme pour la vidéo classique, le recours au direct peut vous permettre de parler de votre combat face caméra ou de montrer quelque chose que vous dénoncez. L'intérêt du direct est qu'il donne un aspect d'actualité plus fort, mais surtout, il permet aux internautes qui le suivent de commenter en direct, offrant l'opportunité d'un débat instantané entre la personne qui le lance et celle qui le regarde.

Lors du mouvement des gilets jaunes, le live a été énormément utilisé par certaines des personnes qui participaient au mouvement pour donner des nouvelles en direct et rapidement sur l'avancée des mobilisations et pour échanger avec d'autres gilets jaunes.

Ce procédé a également été utilisé très souvent par des militants ou militantes pour montrer en direct le cœur d'une mobilisation, comme lors des manifestations contre la réforme des retraites où les personnes qui marchaient filmaient l'événement pour montrer l'ampleur du mouvement. Cela permettait, au-delà de la couverture médiatique des médias classiques, de montrer la réalité de la manifestation en cours. Parfois, cela a aussi permis de montrer, malheureusement, certaines violences de policiers contre les manifestantes ou manifestants et dans certains cas d'ouvrir des enquêtes contre les auteurs de ces violences.

Préférez la vidéo en direct lorsque vous voulez converser avec le public ou lorsque vous voulez montrer un événement qui se déroule devant vos yeux à un moment précis. Gardez à l'esprit que vous ne pourrez pas contrôler ce qui sera visible, car tout cela sera diffusé instantanément.

La photo : une image vaut mille mots

La photo, on le sait, peut faire passer, comme la vidéo, un message de manière efficace en témoignant d'une réalité, mais aussi en émouvant la personne qui la regarde.

De nombreuses photos ont permis de générer des mobilisations d'une ampleur sans précédent par la force de ce qu'elles montraient. La photo du jeune Aylan Kurdi, cet enfant kurde retrouvé mort sur une plage turque le 2 septembre 2015, a permis de faire avancer grandement la cause des réfugiées et réfugiés et migrantes et migrants, car elle a montré, dans sa plus grande violence, la réalité de ces personnes qui perdent la vie en mer en tentant de fuir la guerre.

Parfois, un visage, une image crue de la réalité de ce que vous dénoncez peut suffire pour éveiller les consciences et entraîner un soutien populaire. Réfléchissez donc à une image qui pourrait non seulement illustrer votre combat mais aussi faire réagir.

Attention cependant : la frontière entre l'envie de rapporter la réalité d'une situation et le voyeurisme est très mince. Avant de partager une photo, assurez-vous que la personne ou les personnes qui sont visibles sont d'accord pour y apparaître, et demandez aux personnes concernées par la cause que vous défendez si cette image est trop choquante et pourrait traumatiser certaines victimes. Parfois, évoquer sans montrer crûment peut être la meilleure des solutions.

Les vignettes : une tendance qui monte

Nous voyons de plus en plus, en particulier sur Instagram, des messages partagés sous forme de vignettes de couleur sur lesquelles sont apposés quelques mots ou phrases. Ceci est devenu une manière efficace de rendre visibles certains messages.

Il y a deux usages principaux : la vignette avec un « slogan » qui peut être partagé et la vignette « série » qui permet de partager un texte sous forme de nombreuses petites phrases.

Le premier usage est particulièrement efficace lorsqu'il s'agit de générer de la viralité : on peut facilement le lire, y adhérer, et le partager. Le second permet d'aller un peu plus dans le détail et de partager des textes qui nécessitent un peu plus de développement, tout en les rendant faciles à lire, ces vignettes visant souvent plus à informer qu'à interpeller.

Le compte « Décolonisons-nous » sur Instagram travaille à déconstruire l'héritage postcolonial dans l'inconscient collectif et à initier des personnes à l'antiracisme. Ici, par exemple, il utilise un slogan que chacune et chacun peut partager.

(Capture d'écran du visuel posté sur le compte « Décolonisons-nous » le 12 juin 2020)

Un autre exemple intéressant est l'utilisation de ces vignettes à des fins pédagogiques pour expliquer un sujet complexe en plusieurs visuels. C'est ce que fait le compte « Par nos voix » qui publie, en parallèle de portraits inspirants de femmes issues de l'immigration maghrébine, des informations pour contribuer à des débats thématiques qui touchent ces femmes.

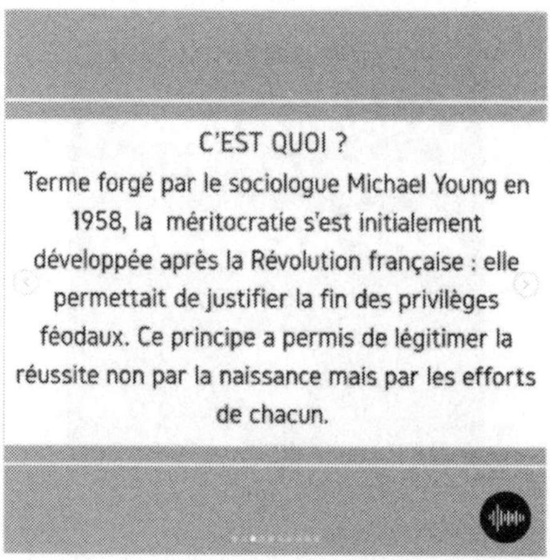

(Capture d'écran du visuel posté sur le compte « Par nos voix » le 28 septembre 2020)

Pour réaliser une vignette, vous n'avez pas besoin d'être graphiste : en utilisant les outils proposés directement par les plateformes, vous pouvez créer des vignettes avec un fond de couleur sur lequel apposer votre message.

Twitter : la phrase choc et le hashtag

Sur Twitter, le plus important est d'avoir un message court et efficace. En effet les messages doivent au maximum faire 280 signes. Le mieux est de définir un slogan ou une phrase clé pour votre campagne et de l'utiliser pour la délivrer par ce canal. Vous pouvez également ajouter photo et vidéo si vous le souhaitez.

Mais le plus important est de choisir le bon mot clé ou « hashtag » : c'est un mot qui doit être précédé de la mention # et qui permet de retrouver, en cliquant dessus, toutes les conversations sur le même sujet. Autant dire que pour donner de la visibilité à votre campagne, il peut être utile de choisir un mot clé déjà très utilisé pour l'insérer dans votre message.

Ce mot clé peut aussi servir le message en insistant sur un aspect de votre campagne.

Prenons un exemple : je fais campagne pour que les pollutions sonores des avions autour de chez moi cessent. Je peux tout à fait publier un tweet où figure le mot pollution, qui permettra de montrer le problème que je dénonce, et rejoindre la conversation sur ce réseau social sur la question de la pollution en insérant le mot clé #pollution.

« Nous ne voulons plus de #pollution sonore au-dessus de nos têtes ! Stop au trafic aérien ! Signez ma pétition sur le lien suivant (mettre le nom du site) »

N'hésitez pas à publier assez régulièrement sur Twitter (deux ou trois fois par jour) avec des mots clés différents pour avoir plus de chances d'être visible. En effet, sur ce réseau, le nombre de messages est très important et les tweets les plus anciens sont rapidement oubliés.

Le bon moment

Comme nous l'avons vu précédemment, choisir le bon moment pour lancer sa campagne est crucial. De même, la diffusion de cette campagne et des éventuels contenus que vous aurez préparés pour lui donner de l'ampleur doit être pensée en amont pour que sa visibilité soit assurée.

En plus des conseils prodigués dans le chapitre 6 sur le lancement de la campagne, il est indispensable, sur les réseaux sociaux, de faire preuve d'une grande réactivité.

Afin de pouvoir capter l'attention du public, et donc de créer le buzz, réagir au quart de tour sur une actualité peut faire toute la différence. Si vous arrivez à diffuser vos messages dans les heures qui suivent une annonce politique, une actualité, ou une déclaration quelconque, vous aurez beaucoup plus de chances de faire partie du narratif autour de cette annonce, et donc d'être visible et d'obtenir des soutiens.

Lors de la crise du Covid-19, une campagne avait été lancée par Lucile pour demander le report des élections municipales et ainsi prévenir de nombreuses contaminations. Sa pétition avait été lancée de manière très réactive lors de l'annonce du confinement par le président de la République, ce qui avait permis de générer de nombreuses signatures. Lucile a aussi utilisé le moment où le président confirmait que les élections seraient maintenues pour relancer sa campagne, de façon à rejoindre le flot des messages de réaction à ces annonces sur Twitter et à collecter des centaines de signatures supplémentaires. Pour ce faire, elle a partagé sa pétition en reprenant le hashtag largement utilisé par celles et ceux qui commentaient cette actualité.

C'est pourquoi la préparation en amont de vos messages est indispensable.

Pour vous assurer de ne rien rater, suivez les conseils du chapitre 6 sur le lancement de la campagne et la veille d'actualité.

Rejoindre les bonnes conversations

Générer le buzz nécessite de la réactivité mais, comme nous l'avons vu avec l'exemple de Lucile, cela nécessite aussi de rejoindre les bonnes conversations.

Il est plus difficile de réussir à créer soi-même une conversation d'ampleur, et le plus souvent, on utilise des conversations en cours sur les réseaux sociaux pour s'y insérer et faire résonner le message.

Il est donc indispensable de chercher les conversations les plus populaires du moment pour pouvoir vous y insérer. Pour cela, vous pouvez utiliser les outils des réseaux sociaux pour identifier ces conversations. Sur Twitter par exemple, vous pouvez recourir à l'outil « Populaire en ce moment » qui liste tous les mots clés les plus utilisés. Il vous permettra de diffuser votre message en reprenant ce mot et de le rendre ainsi visible par de nombreuses personnes qui commentent ou suivent ce sujet.

Sur Facebook ou Instagram, il est plus difficile de suivre ces tendances : vous pouvez vous rendre sur la page de recherche qui vous montrera ce que vos contacts ou les personnes que vous suivez partagent le plus.

Il est donc indispensable que vous suiviez sur les réseaux sociaux toutes les personnes clés que vous aurez identifiées : celles qui sont concernées, alliées, opposantes, mais aussi les cibles de votre campagne, les gens qui les influencent ou qui parlent du sujet. Enfin, assurez-vous de rechercher les conversations du moment sur les thèmes liés à votre campagne afin de pouvoir vous insérer dans la conversation.

Une fois que vous avez identifié ces conversations, comment faire ?

- Utilisez les hashtags (mots clés) employés par les autres personnes dans vos publications.
- Répondez directement aux personnes qui commentent ce sujet en leur parlant de votre campagne. Par exemple, si une personne dénonce le fait que le ministre des transports vient d'annoncer que les vols intérieurs ne seront pas interdits et que vous faites campagne pour leur interdiction, répondez à cette personne en lui disant : « Justement, je suis d'accord avec vous ! J'ai d'ailleurs lancé une pétition, voulez-vous la signer ? »

Pour arriver à être visible, malheureusement, on ne peut pas se contenter de poster une seule fois sa campagne. Répétez l'opération autant de fois que possible en répondant à différentes personnes, en postant votre message sous différents mots clés ou en le formulant différemment pour pouvoir le publier dans des conversations diverses. Prenez le temps de le faire au moins une fois par jour pendant une trentaine de minutes, et si vous voyez que cela prend, soyez disponible pour continuer à faire monter la pression.

Les relais influents

Une autre manière de faire le buzz autour de votre campagne est de mobiliser des personnes qui elles-mêmes ont déjà une audience importante sur les réseaux sociaux.

Il peut s'agir d'artistes, de personnalités, ou encore de cette nouvelle génération qu'on appelle les « influenceurs ou influenceuses » qui ont acquis une notoriété à travers les réseaux sociaux et fédèrent des milliers, parfois des millions d'internautes qui suivent leurs aventures sur Instagram, Facebook ou encore sur TikTok.

Ces personnes sont constamment sollicitées par des marques qui veulent qu'elles vendent leurs produits (ce sont les blogueuses et blogueurs de mon époque !) et certaines de ces personnalités acceptent parfois de parler des produits ou des services de certaines marques contre rémunération. Il est donc parfois difficile d'obtenir leur attention en raison du volume de sollicitations, mais aussi de leur refus de parler gratuitement d'un sujet.

Par contre, ces influenceurs et influenceuses vont parfois accepter de parler d'un sujet parce qu'il leur tient vraiment à cœur, ou parce qu'ils ou elles sont concernées par la problématique.

Vous pouvez donc faire le tour de ces personnalités et influenceurs ou influenceuses et voir s'ils ou elles ont déjà pris position sur votre sujet. Si c'est le cas, il sera beaucoup plus aisé pour vous d'obtenir leur aide, car cela correspondra à un sujet sur lequel leur intervention non seulement est légitime mais répond en plus à leur engagement personnel.

C'est ainsi que récemment, la chanteuse Adèle, qui a affiché son engagement féministe, a pris l'habitude de relayer de nombreuses pétitions de citoyennes ou citoyens contre les violences sexistes et sexuelles. Avec mon équipe, nous lui avions proposé de le faire, et même si elle ne peut pas toujours répondre positivement, elle a accepté de relayer ces campagnes et leur a permis de faire un bond important de signatures, les rendant encore plus légitimes et générant des articles dans les médias. Ainsi, la pression s'est accentuée sur les décideurs et décideuses à qui ces campagnes étaient adressées.

Ne cherchez pas non plus systématiquement à avoir les plus grandes stars pour vous soutenir ! Certaines personnes ont une audience un peu moins importante mais beaucoup plus qualifiée : les personnes qui les suivent sont peut-être moins nombreuses, mais si elles partagent votre cause, il est plus efficace d'aller vers elles. Ces personnes sont de très bons relais : recherchez les comptes sur Instagram ou les personnalités sur Twitter qui parlent de votre sujet et demandez-leur de relayer votre appel.

Enfin, n'oubliez pas les associations, organisations ou ONG qui pourraient accepter de relayer votre appel via leurs réseaux.

Ainsi, sélectionnez bien ces personnalités et relais, écrivez-leur avec honnêteté et authenticité pour leur demander de relayer vos messages, et veillez à leur donner un petit texte, un visuel ou un film vidéo prêt à partager pour faciliter leur participation. Si vous n'avez pas de réponse, ne les harcelez pas et essayez quelqu'un d'autre ! Il est aussi important de respecter le refus ou le silence de ces personnes qui sont constamment interpellées.

Faire le buzz sur les réseaux sociaux n'est pas une chose facile, et il faut rester humble. La plupart du temps, on ne fait pas le buzz mais on peut surfer sur des moments clés pour être plus visible.

Patience, détermination et réactivité sont les clés.

Faire la une des médias

De plus en plus de médias utilisent les réseaux sociaux pour trouver des sujets dont ils peuvent parler. Il est donc extrêmement important d'investir les réseaux sociaux, du fait de leur accessibilité et de leur capacité à agir comme prescripteurs de sujets médiatiques.

Cependant, il ne faut pas sous-estimer l'impact des médias pour deux raisons. D'abord parce que les médias continuent d'avoir une audience importante auprès du grand public, et sont donc un relais crucial pour votre campagne : en 2019, la télévision et la presse locale restent les outils principaux que les gens utilisent pour s'informer (selon une étude Reuters).

Ensuite, les médias ont un rôle à jouer dans la réussite de votre campagne : ils donnent de la légitimité à votre campagne et créent une pression supplémentaire sur sa cible. Si vous adressez une campagne à votre maire et que le journal local parle de celle-ci, les journalistes vont s'adresser au maire pour lui demander son avis sur la campagne, ce qui pourra le pousser à répondre et donc représenter une avancée. De même, si votre campagne fait la une des médias partout en France, le ministre à qui vous l'avez adressée ne pourra plus l'ignorer.

Pensez donc à utiliser les médias, ils sont un outil très utile pour la réussite de votre campagne. Même si elle fait parler d'elle en dehors des médias classiques, si ceux-ci reprennent finalement l'information, c'est une victoire !

Commencez près de chez vous

Très souvent lorsque l'on tente d'obtenir un article dans un média à propos de sa campagne, on a tendance à chercher à convaincre le média qui a la plus grande audience : le journal télévisé des grandes chaînes, les grands quotidiens nationaux, ou encore la plus grande chaîne de radio.

Or, il est très difficile d'obtenir l'attention de ces médias qui se focalisent sur l'actualité nationale. Utiliser dans un premier temps les médias locaux, qui sont en recherche d'information sur ce qui se passe dans leur secteur, est une technique très efficace. En effet, j'ai vu à de nombreuses reprises des campagnes nationales d'abord couvertes par un ou une journaliste locale qui a voulu raconter l'histoire d'une personne vivant dans sa région et se mobilisant sur un sujet.

Le meilleur exemple est celui de Priscillia Ludosky, qui a lancé la pétition contre la hausse des prix du carburant à l'origine du mouvement des gilets jaunes. D'abord, Priscillia a obtenu un article dans le journal *La République de Seine-et-Marne* où elle habite. À ce moment-là, la pétition n'intéresse encore que très peu de personnes, mais l'article de *La République de Seine-et-Marne* attire l'attention du journal *Le Parisien, aujourd'hui en France* qui a une portée nationale et qui décide d'en faire un article. La pétition devient alors le centre de l'attention médiatique pendant plusieurs semaines et mène à l'organisation de la première marche le 17 novembre 2018 qui donnera naissance au mouvement des gilets jaunes.

Voilà donc un très bon exemple de stratégie qui peut s'avérer payante : commencez par parler de votre campagne aux journalistes qui couvrent votre ville, votre département, ou votre région dans la presse régionale. Il sera ensuite plus facile d'attirer l'attention d'autres médias avec une audience plus importante. Si votre campagne concerne une question locale, il n'est même pas nécessaire de chercher à aller plus loin : en effet, vous aurez autant d'impact avec la presse locale, car votre cible a du pouvoir à ce niveau géographique. Par contre, si malgré cela votre campagne ne fait pas réagir la personne à qui vous l'adressez, tenter de faire connaître l'histoire plus largement est une tactique efficace pour continuer à faire monter la pression.

Comment écrire un communiqué de presse

Comment s'adresser aux journalistes ? La plupart du temps, on peut utiliser ce qu'on appelle un communiqué de presse : c'est un document codifié qui permet de diffuser une information auprès de journalistes sous un format court et efficace qui se différencie d'un e-mail classique que vous pourriez envoyer à une personne lambda.

Exemple

Voici un exemple de communiqué de presse basé sur une campagne lancée récemment sur Change.org. Ce modèle est un guide, et libre à vous de l'adapter si vous le souhaitez. Le plus important est de commencer par le plus précis (votre demande) et d'élargir ensuite à vos arguments avant de donner les informations pratiques.

Libre à vous aussi d'utiliser la première ou la troisième personne, selon que vous voulez parler en votre nom personnel ou au nom d'un collectif.

Partie	Contenu	Exemple
Titre	Le titre doit inclure l'information la plus importante et être court : une phrase maximum. En général, le mieux est que le titre informe de votre demande de campagne.	Une pétition lancée pour le retour des marchés d'artisans et créateurs au Pays basque

Partie	Contenu	Exemple
Accroche	Ajoutez la date + résumez en 2 phrases le contexte, la demande de la campagne	8 juin 2020 – Alors que les commerces rouvrent petit à petit leurs portes au public après le confinement pour cause de Covid-19, les artisans et créateurs du Pays basque sont toujours privés d'accès aux marchés d'été. Nous avons donc lancé une pétition pour demander à y avoir accès et sauver nos emplois.
Émetteur	Expliquez qui vous êtes, pourquoi c'est important pour vous	Je m'appelle Mary et je suis une jeune créatrice de vêtements et accessoires textiles en matière écologique et équitable et je me suis associée au Regroupement d'artisans et créateurs au Pays basque pour lancer cette campagne.
Arguments	Expliquez les conséquences que vous voulez éviter, et ajoutez les arguments de votre campagne	Les services des mairies semblent complètement fermés au dialogue et nous annoncent des décisions qui remettent complètement en cause l'avenir de nos entreprises, et de nos familles par conséquent.
Ouverture générale	Ajoutez des arguments qui prouvent que votre campagne est importante dans le contexte actuel, localement ou nationalement, et qu'elle fait écho à un problème systémique	Cette situation est incompréhensible à l'heure où les grands magasins ont tous trouvé un moyen d'ouvrir au public, les bars et les restaurants sont à nouveau ouverts, les cinémas, les musées, les piscines vont pouvoir à nouveau accueillir du public dans les jours, semaines à venir.
Appel à l'action	Ajoutez l'information sur ce que vous attendez que les personnes fassent et renvoyez vers votre QG de campagne	Nous appelons à la signature de notre pétition pour pousser les élus à réagir sur change.org/CreateursSurLesMarchés

Partie	Contenu	Exemple
Informations pratiques	Ajoutez toutes les informations dont doivent bénéficier les journalistes : le lien de votre pétition ; le lien vers votre site, vos espaces sociaux ; les informations sur une éventuelle manifestation ou un rassemblement...	Pour tout partage de la pétition, merci d'utiliser ce lien change.org/CreateursSurLesMarchés
Contact	Ajoutez le nom et les coordonnées de la personne qui pourra répondre aux journalistes s'ils ou elles sont intéressés	Vos Nom Prénom Fonction Numéro de téléphone E-mail

Si vous le souhaitez, vous pouvez ajouter un visuel, une photo ou une vidéo à l'envoi de votre communiqué pour illustrer votre propos. Évitez de mettre trop de pièces jointes, car cela n'est pas facile à lire pour les journalistes et cela risque aussi de faire passer votre mail dans les spams. Mettez plutôt un lien vers le visuel ou la vidéo postée sur vos réseaux sociaux par exemple.

Parfois, les journalistes préfèrent qu'on leur écrive de manière plus spontanée, sans faire de communiqué. Je vous conseille de tenter d'abord un format de communiqué et, si vous n'avez pas de réponse, d'envoyer un mail plus simple dans lequel vous pouvez utiliser la structure de votre texte de campagne tel qu'il est décrit dans le chapitre 5, auquel vous ajoutez tout simplement une phrase pour demander au journaliste ou à la journaliste de bien vouloir vous aider à faire connaître votre histoire, sans oublier de donner vos coordonnées pour que le ou la journaliste puisse vous joindre.

Identifier les journalistes à contacter

Presque aussi important que le contenu de votre message, le choix du ou de la bonne journaliste à contacter est indispensable. En effet, il est inutile et contre-productif de tenter de contacter des journalistes qui ne couvrent pas le sujet lié à votre campagne – non seulement vous n'obtiendrez pas de réponse, mais vous empêchez d'autres personnes qui tentent de les alerter sur des sujets qu'ils ou elles traitent habituellement de le faire en remplissant leur boîte e-mails de messages assimilés à du spam.

Soyez stratégique et sélectionnez uniquement les journalistes qui pourront traiter de votre campagne. Pour cela, vous pouvez sélectionner les journalistes en fonction des critères suivants :

- Il ou elle couvre l'actualité de la ville, du département, de la région où vous vivez.
- Il ou elle a déjà écrit sur le sujet / la thématique de votre campagne.
- Il ou elle couvre les sujets proches du thème de votre campagne.

Première étape : les journalistes près de chez vous

Commencez par lister les médias presse papier, télévision, radio et web de votre ville, département, région.

Pour chacun de ces médias, faites une recherche sur le web ou appelez directement le standard du média pour demander le nom des journalistes qui traitent de votre sujet ou qui couvrent l'actualité de votre ville, département, région.

Exemple

Si vous habitez à côté de Lille et faites campagne sur la question de l'environnement, vous pouvez appeler *La Voix du Nord* et demander le nom des journalistes qui couvrent l'actualité lilloise, mais aussi de ceux et celles qui traitent des sujets environnementaux.

Deuxième étape : les journalistes des médias nationaux qui ont déjà traité du sujet de votre campagne

Ici, il s'agit de trouver les journalistes qui ont déjà écrit sur le sujet de votre campagne. Vous savez qu'elle les intéressera a priori puisqu'un de leurs articles a déjà traité son thème. Ils ou elles pourront aussi vous mettre en contact avec la bonne personne s'ils ou elles ne couvrent plus le sujet mais que quelqu'un d'autre dans leur rédaction a pris le relais.

Pour cela, utilisez un moteur de recherche sur Internet et faites une recherche sur le sujet précis de votre pétition. Attention, ne prenez pas de mots clés larges, mais tentez d'être spécifique.

Exemples

Vous faites campagne contre l'utilisation de la chlordécone (un pesticide utilisé massivement aux Antilles et qui a eu un impact considérable sur la santé de la population) : n'écrivez pas « environnement » dans la barre de recherche mais « chlordécone ».

Vous faites campagne contre l'attribution d'un césar à Polanski (qui a été accusé par des dizaines de jeunes filles et de femmes de violences sexuelles) : n'écrivez pas « viol » mais plutôt « Polanski César » dans la barre de recherche.

Ensuite, allez dans l'onglet « Actualité », qui répertorie uniquement les articles de presse, ce qui vous permettra de trouver les articles récents sur le sujet et de voir qui les a écrits pour pouvoir identifier ces journalistes que votre campagne intéresserait (la plupart des articles sont signés – s'ils ne le sont pas, trouvez-en d'autres !).

Troisième étape : les journalistes des médias nationaux qui couvrent des sujets proches de celui de votre campagne

C'est la partie la plus difficile, car la recherche est beaucoup plus large. C'est aussi probablement les journalistes que vous aurez le plus de mal à mobiliser.

Listez les grands médias, télévision, radio, presse écrite et web. Pour chaque média, tentez d'identifier les journalistes qui traitent de la thématique de votre campagne.

Exemple

Vous faites campagne contre la fermeture d'un hôpital près de chez vous. Le thème de votre campagne est donc la question de la santé. Recherchez alors les journalistes spécialistes des questions de santé dans les chaînes de télévision principales, les grands journaux nationaux (quotidiens, hebdomadaires ou mensuels), les radios nationales, et les sites Internet d'information (à ce titre, ne pas oublier les nouveaux médias qui ne fonctionnent que par la publication sur les réseaux sociaux comme Brut, Loopsider, AJ+, ou encore Konbini).

Au total, parmi les journalistes ayant écrit sur votre sujet ou sur votre thématique, retenez trente noms au maximum : en effet, il est inutile et contre-productif d'avoir une liste trop importante, car vous n'aurez pas les moyens de contacter directement l'ensemble des journalistes si elle est trop longue. De plus, il est préférable de pouvoir nouer des liens de confiance avec un petit nombre de journalistes qui pourront suivre votre campagne et écrire régulièrement sur son développement, plutôt que de tenter de parler à tout le monde et de ne finalement convaincre personne.

Entrer en contact et maintenir le lien

Trouver un contact direct

Une fois que vous avez identifié vos journalistes, il s'agit de trouver comment entrer en contact avec elles ou eux. N'oubliez pas que les journalistes sont souvent sur-sollicités, il est donc important d'avoir autant que possible un contact direct pour leur écrire.

Pour cela, vous pouvez utiliser trois méthodes :

- **Rechercher leur contact sur Internet en tapant leur nom :** parfois, des journalistes mettent leur e-mail à disposition.

Vous pouvez aussi parcourir les pages du site du média dans lequel ils ou elles écrivent – parfois, il existe une page contact avec les e-mails des journalistes ou un e-mail de contact que vous pourrez utiliser tout en précisant le nom du ou de la journaliste à qui vous adressez le message dans l'objet du mail.

- **Contacter par téléphone le média pour demander le contact du ou de la journaliste** – expliquez simplement que vous tentez de joindre ce ou cette journaliste et aimeriez avoir son mail ou son téléphone, ou tout simplement être mis en contact avec lui ou elle.
- **Utiliser Twitter, car un grand nombre de journalistes se servent de ce réseau social.** Tapez leur nom dans la barre de recherche et envoyez-leur un message pour leur demander d'entrer en contact. Parfois, les journalistes ont activé l'option de message privé, ce qui vous permet de leur écrire un message directement. Si ce n'est pas le cas, suivez-les sur Twitter, et envoyez-leur un message public du type : « Bonjour XXX, je souhaite vous joindre concernant une campagne que j'ai lancée sur le thème de XXX que vous avez déjà couvert. Peut-on se parler en privé ? »

Envoyer un message efficace

Une fois que vous avez le mail ou un contact direct via Twitter ou un autre réseau social avec le ou la journaliste, envoyez-lui votre message, qui peut être tout simplement votre communiqué de presse que vous aurez introduit au préalable. Évitez d'envoyer un communiqué sans mettre une phrase d'introduction : comme chacune et chacun d'entre nous, les journalistes aiment bien ne pas recevoir de spam et savoir que le message leur est vraiment adressé, au lieu d'être un simple copier-coller envoyé à cent personnes.

Commencez par dire bonjour, présentez-vous, expliquez pourquoi vous les contactez et leur demandez d'échanger sur votre campagne. N'oubliez pas de donner votre numéro de téléphone ou votre e-mail pour obtenir une réponse.

Exemple

« Bonjour XXX, je m'appelle XXX et je vous contacte parce que j'ai vu que vous aviez écrit un article sur le sujet de la chlordécone et je voulais vous informer que nous avions lancé une campagne pour demander au gouvernement une indemnisation des familles de victimes de ce pesticide. Ma famille et moi faisons partie de ces victimes et nous souhaitons obtenir justice. Voici notre communiqué en pièce jointe, pourrions-nous en parler ? Mon téléphone est XX.XX.XX.XX.XX. Merci de votre attention. XXX »

Relancer et développer votre relation avec le ou la journaliste

Si vous n'obtenez pas de réponse à votre message, n'hésitez pas à relancer une ou deux fois maximum après 24 à 48 heures. Si vous n'avez toujours pas de retour, passez à un ou une autre journaliste.

N'oubliez pas de garder trace des personnes que vous avez contactées et des relances que vous avez effectuées. Cela vous permettra de vous rappeler de qui vous devez encore vous rapprocher et aussi de lister les articles publiés à la suite de votre travail pour évaluer vos résultats. À ce titre, construire un petit tableau sur le modèle suivant peut être utile.

Nom	Prénom	Média	Fonction	e-mail	téléphone	Date du contact	Date de la relance	Article publié

Vous pouvez contacter les journalistes à différents moments de votre campagne. En fait, chaque fois que vous planifiez une nouvelle étape dans votre campagne, ou qu'une actualité en lien avec votre campagne émerge, pensez à contacter vos journalistes pour les informer, en particulier s'ils ou elles ont déjà interagi avec vous ou écrit un article sur votre campagne.

Les articles dans les médias jouent un rôle primordial dans le maintien de la pression sur la cible de votre campagne, et la parution d'articles récurrents sur votre campagne peut la pousser à vous répondre ou à accepter votre demande.

Vous pouvez ainsi contacter les journalistes :

- Lorsque vous lancez votre campagne ;
- Lorsque vous avez atteint un nombre considérable de soutiens / un palier important ;
- Lorsque vous obtenez des soutiens de marque (des personnalités, des politiques,...) ;
- Lorsque le destinataire de votre campagne a réagi (même si c'est pour rejeter votre demande ou pour critiquer votre campagne, mais également si un premier contact positif a été établi, à l'approche ou à l'issue d'une rencontre avec le destinataire) ;
- Lorsque l'actualité fait écho à votre campagne et que vous voulez la remettre au centre du débat ;
- Lorsque vous gagnez ! (Eh oui, il faut aussi célébrer les victoires comme nous le verrons en conclusion de ce livre.)

Évaluez à chaque fois si un communiqué est nécessaire ou si un simple message est suffisant. Si vous avez développé une relation de confiance avec le ou la journaliste, la plupart du temps, un simple message rapide sera suffisant pour l'informer des nouveaux développements. Pour les autres, utiliser le format plus formel et le communiqué de presse peut rester plus efficace. N'oubliez pas que ces journalistes peuvent avoir raté le début de la campagne et y prêter attention ensuite, donc partez toujours du principe qu'ils ou elles ne connaissent rien sur votre campagne quand vous les contactez et n'oubliez pas d'expliquer le contexte et votre campagne depuis le début (sans en faire un roman !).

Enfin, relayez les articles que les journalistes publient sur votre campagne. Non seulement c'est utile pour informer vos soutiens, mais cela permet en plus de mettre en avant et de remercier le ou la journaliste pour son travail, et cela ajoute à la pression sur le destinataire qui verra passer l'article s'il prête déjà attention à votre campagne. À chaque article publié, vérifiez que les faits sont exacts, n'hésitez pas à demander des corrections si c'est nécessaire, et bien sûr à remercier le ou la journaliste d'avoir mis en avant votre campagne.

Préparer et réussir son interview

Une fois que vous avez l'attention des médias, ils vous demanderont probablement d'échanger lors d'une interview. Pas de panique, c'est une excellente nouvelle pour vous permettre de faire passer vos messages et ainsi de faire avancer la campagne.

Identifier la ligne éditoriale du média et se préparer avec le ou la journaliste

Lorsqu'un ou une journaliste demande une interview, on se réjouit souvent de pouvoir enfin se faire entendre. Cela ne veut pas dire qu'il faut sauter sur l'occasion sans se préparer et penser que le ou la journaliste peut demander ce qu'il ou elle veut sans que l'on puisse poser de questions ou exprimer certains souhaits.

N'ayez pas peur d'entrer en conversation dès le départ pour demander plus d'informations sur l'entretien afin de pouvoir vous préparer.

D'abord, demandez à comprendre l'angle de l'interview ou du reportage : quel est l'objectif du ou de la journaliste, que souhaite-t-il ou elle montrer et raconter ? Posez directement la question pour savoir si vous êtes à l'aise avec cet angle et pouvoir vous préparer en conséquence.

Je reçois régulièrement des propositions d'interview de la part de certains médias sur la question des pétitions en ligne. Il y a de multiples façons d'aborder le sujet, et parce que je veux être sûre d'être bien préparée pour l'entretien, je demande systématiquement quelles seront les questions abordées et quel angle le ou la journaliste souhaite donner à son article. Il ne m'est jamais arrivé d'essuyer un refus.

Évaluez également la ligne éditoriale du média qui diffusera votre interview : s'agit-il d'une chaîne ou d'une publication plutôt partisane politiquement ? Est-ce un média qui s'adresse à des personnes jeunes ou à un public adulte ? S'adresse-t-il au grand public, à des professionnels ou à des politiques ? Cela vous permettra de mieux préparer le ton de votre intervention ainsi que les arguments que vous présenterez.

S'il s'agit d'un débat, demandez si vous serez ou non avec d'autres personnes et qui elles sont. Ainsi, vous pourrez étudier les positions de celles-ci sur votre sujet au préalable et évaluer si elles sont vos alliées ou vos adversaires.

Enfin, demandez une confirmation du lieu, de l'heure, de la durée de l'entretien. Cela vous permettra de vous organiser et vous rassurera.

Préparer ses éléments de langage

Les éléments de langage sont les informations que vous voulez communiquer. Il s'agit de définir ce que vous voulez que les gens retiennent de cette interview.

Ouvrez un fichier sur votre ordinateur ou prenez une feuille de papier et écrivez les trois messages principaux que vous voulez passer :

- Qui vous êtes et pourquoi vous faites campagne ;
- Ce que vous demandez (la demande de votre campagne et votre cible) ;
- Ce que vous attendez des gens qui lisent ou écoutent votre interview (l'appel à l'action).

Bien sûr vous pouvez adapter ces éléments de langage selon la nature de l'entretien, mais assurez-vous de toujours bien mentionner ce que vous demandez et ce que les gens peuvent faire pour aider.

Durant tout l'entretien, il s'agira de constamment revenir sur l'un de ces trois éléments. Ils sont centraux pour votre campagne, et si les questions ne concernent pas ces éléments, faites en sorte de ramener la discussion sur ce sujet.

N'oubliez pas que tout ce que vous dites au ou à la journaliste peut être utilisé dans son interview ou son article. Ne vous confiez pas sur des sujets que vous ne voudriez pas commenter.

Bien répondre pour être compréhensible

Pour chaque réponse que vous faites, n'oubliez pas ces principes :

- Faites des phrases courtes et simples : 1 phrase, 1 idée, 25 secondes par phrase.
- Soyez concret ou concrète : donnez des exemples.
- Dites d'abord ce que vous voulez que les gens retiennent, et expliquez ensuite votre raisonnement. Par exemple, commencez par dire : « Il faut mettre en place cette législation », puis expliquez pourquoi. On ne retient souvent que les premières phrases, en particulier dans les médias audiovisuels. Placez donc les éléments les plus importants en début de réponse.
- Ne répondez pas sur ce que vous ne voulez pas commenter : vous avez le droit de dire que vous ne souhaitez pas répondre.

Vous pouvez même réorienter la question en disant par exemple : « C'est une bonne question, mais ce qui me semble le plus important c'est… » Vous avez le choix des réponses que vous donnez !

Télévision, radio ou papier, adapter sa préparation

Demandez bien s'il s'agit d'un entretien pour la radio ou la télévision et si cela sera diffusé en direct ou enregistré, ou s'il s'agit d'un entretien en vue d'un article écrit.

S'il s'agit d'un entretien radio ou télévision enregistré, vous savez que vous devrez faire attention à votre diction et à votre communication non verbale (voir ci-après), mais aussi que le montage permet si besoin de couper certains moments problématiques. Ainsi, pendant l'entretien, si vous perdez le fil de vos idées, vous pouvez vous arrêter et reprendre. La personne qui fera le montage pourra couper cette partie. N'hésitez pas à le demander.

S'il s'agit d'une interview en direct, préparez-vous un peu plus en amont. Répétez plusieurs fois vos messages principaux devant un miroir, et n'hésitez pas à demander à un membre de votre entourage de jouer au journaliste en vous posant des questions, même difficiles. À ce titre, faites une liste des questions qui « fâchent » ou des contre-arguments qu'on vous oppose souvent pour préparer les réponses en amont. Vous pouvez utiliser les argumentaires et contre-argumentaires que vous avez préparés dans le chapitre 7. Entraînez-vous à répondre à ces questions avec votre entourage.

S'il s'agit d'un entretien pour un article écrit, vous avez plus de temps pour répondre et éventuellement chercher des informations dans les notes que vous avez préparées. À la fin de l'entretien, demandez s'il est possible de relire l'article pour vous assurer que vos propos ont bien été retranscrits. La plupart des journalistes acceptent. Si ce n'est pas le cas et que vous êtes mal à l'aise sur ce qui pourrait avoir été écrit, n'hésitez pas à insister pour pouvoir relire au moins vos citations - c'est votre droit. Dans le pire des cas, vous pouvez vous opposer à la publication de vos propos ou demander un droit de réponse pour donner votre version.

La communication non verbale

Lors d'une interview à la télévision en particulier, ou en vidéo sur les réseaux sociaux, il est important d'avoir une communication non verbale qui ne nuit pas à votre propos.

La communication non verbale englobe tout ce que l'on fait avec son corps de manière volontaire ou non : notre posture, la manière dont nous bougeons nos mains, notre diction, notre regard...

C'est avec la pratique qu'on devient de plus en plus à l'aise pour la maîtriser. En ce sens, vous entraîner en amont avec vos proches est, là aussi, utile.

Il y a quelques principes à respecter pour que vous soyez le plus efficace possible :

- **Parlez lentement et soyez calme :** prenez le temps de vous exprimer. Plus vous parlez vite, plus vous risquez de perdre les personnes qui vous écoutent. C'est vous qui donnez le tempo. Si on vous coupe la parole, demandez à pouvoir terminer, et reprenez avec le même rythme.
- **Fixez votre regard :** regardez le ou la journaliste constamment dans les yeux. S'il s'agit d'un débat avec plusieurs personnes, tournez chaque fois votre regard vers celle à qui vous choisissez de vous adresser. Ne baissez pas la tête.
- **Posez vos mains ou parlez avec elles :** évitez de croiser les bras, ce qui est souvent perçu comme une posture fermée, et si vous êtes à l'aise, laissez vos mains bouger pour illustrer votre propos. Vous pouvez compter sur vos doigts si vous énumérez quelque chose, par exemple. Si vous ne savez pas quoi faire de vos mains, posez-les à plat sur la table ou sur vos jambes.

- **Restez zen :** quoi qu'il arrive, imaginez que tout cela n'est qu'un jeu ! Buvez un grand verre d'eau avant l'interview, et gardez-en un à portée de main au cas où vous auriez la bouche sèche ou ressentiriez le besoin de vous calmer. Respirez profondément avant l'entretien et pendant. Et surtout, amusez-vous !

Faire le buzz autour de sa campagne est un travail qui nécessite une attention constante, et c'est aussi ce qui, selon mon expérience, permet le plus de succès. Chaque fois que vous avancez dans une campagne, pensez au volet « communication » sur les réseaux sociaux et la presse. Posez-vous toujours la question : que puis-je faire pour que mon initiative soit visible et relayée ? Nous allons voir dans le chapitre suivant que l'animation et l'organisation de votre groupe de soutien vous permettront d'obtenir encore plus de force pour faire connaître votre campagne.

À retenir

Il n'y a pas de recette magique pour faire parler de votre campagne, mais des règles simples à appliquer pour mettre toutes les chances de votre côté, la première étant de **recommencer même si cela ne marche pas du premier coup.**

En utilisant les réseaux sociaux pour créer de la viralité autour de votre campagne, vous renforcez votre campagne et la pression sur le destinataire de celle-ci.

Choisissez le bon message et le bon support : privilégiez l'image et la vidéo pour raconter votre histoire de manière authentique en utilisant les outils disponibles sur les réseaux sociaux (vidéo, live, vignettes, etc.).

Tout est une question de timing : ne tentez pas de hurler dans le vide en espérant qu'on vous entende ; choisissez le moment le plus opportun du point de vue de l'actualité pour prendre la parole en rejoignant sur les réseaux des conversations existantes.

Trouvez des relais influents pour parler de votre campagne et démultiplier votre impact : choisissez-les avec soin en fonction de leurs combats personnels pour vous assurer de votre succès.

Le relais par les grands médias est important pour la réussite de votre campagne : cela permet d'augmenter vos soutiens et de faire grandir la pression sur les destinataires de votre campagne.

Choisissez un petit nombre de journalistes que votre campagne intéressera plutôt qu'une longue liste de personnes qui vous ignoreront.

Maintenez une relation de confiance avec ces journalistes et informez-les régulièrement de l'avancée de votre campagne.

À vous de jouer !

Fiche pratique à remplir

Écrire le texte d'une vidéo « selfie » à diffuser pour lancer la campagne (maximum 2 minutes)

- Me présenter (nom, âge, ville)
- Le problème que je rencontre / que ma communauté rencontre
- Pourquoi on doit agir
- Appel à l'action (signer une pétition, manifester, rejoindre un groupe)

(Vous pouvez aussi tout simplement lire votre texte écrit au chapitre 5.)

Qu'est-ce que je pourrais filmer en racontant mon histoire pour illustrer mon propos ?

....

....

....

....

Quelles images pourraient raconter ma campagne en un clin d'œil et attirer l'attention ?

....

....

....

....

À quels moments pourrais-je faire une vidéo « live » pour donner des nouvelles de ma campagne ?

....

....

....

....

Quelle phrase choc ou quel slogan pourrais-je utiliser pour appeler à agir / partager le message ?

....

....

....

....

Quels sont les mots clés qui illustrent ma campagne et que je pourrais utiliser dans mes publications ?

- ....
- ....
- ....
- ....

Quels sont les mots clés du moment sur lesquels je pourrais greffer mes posts sur les réseaux sociaux (regardez les conversations populaires sur Twitter) ?

- ....
- ....
- ....
- ....

Qui sont les personnes influentes qui parlent de mon sujet / sont concernées par mon sujet et à qui je pourrais demander de relayer ma campagne ?

- ....
- ....
- ....
- ....

Écrire mon communiqué de presse pour lancer ma campagne

Partie	Votre texte
Titre	
Accroche	
Émetteur	
Arguments	
Ouverture générale	
Appel à l'action	

Informations pratiques	
Contact	

Ma liste de journalistes

1. Près de chez moi
2. Qui ont écrit sur le sujet de ma campagne
3. Qui traitent de la thématique de ma campagne

Nom	**Média**	**Zone géographique**	**Sujets**	**Contact**

Les moments où je contacterai les journalistes de ma liste

- Date ....

  Sujet ....
- Date ....

  Sujet ....
- Date ....

  Sujet ....
- Date ....

  Sujet ....

Se préparer pour une interview

Mes éléments de langage :

Qui je suis : ....

....

....

Ce que je demande : ....

....

....

Mon appel à l'action : ....

....

Autre : ....

....

....

CHAPITRE 9
ORGANISEZ VOTRE GROUPE DE SOUTIEN

Il n'y a pas de campagne citoyenne réussie sans une organisation collective efficace. En bref, vous ne pourrez gagner votre campagne que si vous et les personnes qui vous soutiennent agissez en solidarité.

Ce n'est pas parce que vous avez initié une campagne personnellement que vous y arriverez par vos seuls moyens, au contraire, c'est en imaginant cette campagne comme un projet collectif qu'elle aboutira. Alors que dans ce livre j'ai invité chacune et chacun à réfléchir de manière individuelle pour organiser sa campagne, j'aimerais maintenant vous inciter à penser à la façon de la rendre encore plus efficace sur le court et le moyen terme en intégrant une dimension collective.

Les plus beaux exemples de la force de l'organisation collective dont j'ai été témoin sont ceux des parents d'enfants souffrant d'un trouble du comportement ou d'un handicap. Dans une société où le validisme est profondément ancré, qui considère les personnes souffrant de certains troubles ou handicapées « hors norme », voir ces familles s'organiser pour dénoncer ces discriminations en retrouvant leur pouvoir grâce à l'action de groupe est inspirant.

Depuis plusieurs années, Stéphanie Jacquet fait campagne pour que les enfants atteints de troubles de l'attention avec ou sans hyperactivité (TDAH) puissent avoir le même accès à l'éducation que les autres enfants. Elle a lancé sa pétition pour une reconnaissance de ce trouble seule, puis, petit à petit, a contribué à organiser partout en France un réseau de parents qui agissent localement pour faire avancer cette reconnaissance. Ces parents, souvent des femmes, sont les « référentes » de la campagne partout en France pour faire avancer le sujet auprès des autorités locales. De cette organisation collective est née une association, qui est maintenant régulièrement impliquée dans les réflexions sur des politiques publiques autour de ces questions.

Pour cela, Stéphanie a pris le temps de construire un rapport de confiance avec les personnes qui étaient elles aussi concernées par sa campagne, elle a créé une « charte » pour les référentes, et délégué les responsabilités dans ce groupe tout en continuant à impulser régulièrement des idées d'actions pour faire avancer le sujet (distribution de flyers, sensibilisation dans les écoles, rencontre avec des élus, etc.).

Ce chapitre vise à vous expliquer comment travailler ensemble peut être source de pouvoir et d'espoir, deux ressources nécessaires pour continuer à agir.

Nous distinguerons deux groupes : vos soutiens, qui représentent toutes les personnes qui soutiennent votre campagne, et le groupe « d'organisation », qui est un petit groupe faisant partie des soutiens, mais qui a une fonction d'organisation de la campagne.

Pas de pouvoir ni de victoire sans organisation collective

Il me semble primordial d'expliquer pourquoi cette vision du groupe est indispensable dans le cadre de votre campagne.

Nous vivons dans un monde où l'individualité, voire l'individualisme, sont célébrés et encouragés. Mais tout changement sociétal ne peut se faire que lorsqu'un nombre suffisant de personnes agissent pour bousculer les rapports de force et inciter nos responsables politiques et économiques à agir. En effet, tout groupe de citoyens ou de citoyennes, même sans pouvoir « officiel », peut construire du pouvoir en utilisant les ressources du groupe et en agissant collectivement. En particulier, l'organisation collective permet de construire du pouvoir pour toutes et tous sur le long terme, mais aussi de développer la meilleure stratégie pour gagner.

Construire du pouvoir collectif sur le long terme

Créer un groupe d'action collective est indispensable pour gagner, car la somme des individualités qui rejoignent votre campagne permet de créer un rapport de force avec les décideurs ou décideuses à qui vous vous adressez. Mais cela est très volatil et il est difficile de garder les personnes impliquées dans un projet sur le long terme, ce qui pourtant est nécessaire pour construire du pouvoir collectif.

Certaines personnes se désengageront au fil du temps, prises par leurs besoins ou obligations personnelles, ou parce qu'elles ne se retrouveront plus dans le groupe – notamment quand les liens avec la cause ou les personnes qui militent pour celle-ci se délitent.

Sans dynamique de groupe, il est fréquent de voir les personnes qui ont initié la campagne se retrouver alors seules dans la bataille, car le mouvement s'est essoufflé.

Et c'est le problème : si le mouvement s'essouffle, alors le pouvoir qui émane du collectif diminue – comme pour une balance sur laquelle les responsables à qui vous vous adressez ou le système contre lequel vous luttez auraient beaucoup plus de poids que chacune des personnes qui fait campagne avec vous. Vous avez besoin d'être nombreux et nombreuses pour faire pencher la balance. Si celle-ci se vide, le pouvoir repart vers les personnes ou systèmes contre qui vous luttez.

Presque systématiquement, c'est parce que la responsabilité du succès de la campagne n'est pas partagée par toutes et tous que celles et ceux qui se sentent moins impliqués, concernés, ont tendance à se détacher progressivement du groupe.

Susciter l'engagement et donner de l'espoir

Vers une responsabilité partagée

Construire du pouvoir collectif, c'est avant tout faire grandir en chacune et chacun le sentiment de responsabilité envers la campagne, mais aussi la capacité à faire avancer la cause.

Partager la responsabilité renforce l'engagement constant de chacune et chacun dans la campagne, même si celui-ci peut être fluide : parfois, certains ou certaines donneront plus de temps ou d'énergie que d'autres, et c'est tout à fait normal. Mais le groupe agira de manière organique et celles et ceux qui le peuvent prendront le relais pour les autres quand cela sera nécessaire.

Finalement, c'est comme dans l'amitié : parfois, c'est vous qui avez besoin de soutien et alors l'idée de pouvoir compter sur les autres vous rassure. Inversement, quand vos proches ont besoin de vous, vous prenez le relais.

Bien entendu, pas besoin d'être des intimes pour pouvoir faire campagne ensemble, mais ressentir des liens de solidarité est indispensable pour mener la campagne et construire ce pouvoir collectif.

Apporter une attention particulière à la représentativité du groupe

Pour que cette solidarité existe, il est nécessaire que toute personne, quelle que soit son histoire, son identité ou sa personnalité, puisse faire partie du groupe. De nombreux groupes d'action collective s'éteignent parce qu'ils ne prennent pas en compte les différentes individualités qui le composent.

Dans ces groupes, il est par exemple fréquent de voir les hommes monopoliser la parole. Ceci peut être vrai pour tout autre groupe dit « dominant » par rapport à d'autres personnes qui ont souffert de discriminations ou qui ont été marginalisées du fait de leur expérience ou identité. C'est vrai aussi pour celles qui sont plus timides ou introverties et qui auront plus de difficulté à prendre la parole ou les décisions.

Les personnes racisées, victimes de discriminations liées à leur genre ou à leur orientation sexuelle, ou encore handicapées ou en grande précarité sont souvent exclues ou réduites au silence dans les groupes militants ou d'organisation collective lorsqu'elles ne sont pas tout simplement absentes de ces groupes.

Créer un groupe d'action collective où tout individu est engagé nécessite donc de construire les conditions pour que tout individu puisse s'y sentir partie prenante.

Si vous obtenez gain de cause pour votre campagne grâce à une mobilisation collective efficace, mais que sur le chemin, vous avez exclu des personnes et renforcé les inégalités de pouvoir, vous ne changez pas le monde. Vous aurez reproduit un schéma qui exclut et détruit le sentiment de pouvoir d'autres personnes plus marginalisées.

Chaque campagne de mobilisation citoyenne devrait avoir pour objectif, en plus du changement demandé, de développer ce pouvoir collectif inclusif, qui permet à chacune et chacun de se sentir en position de pouvoir. Faire l'expérience du pouvoir au sein d'un groupe, c'est-à-dire ressentir que l'on a la capacité d'influencer le monde autour de soi, peut changer la vie de milliers de personnes et pourrait signifier construire une société différente où le pouvoir ne reste pas seulement entre les mains d'un petit nombre.

Développer la meilleure stratégie et trouver des solutions

Avez-vous déjà entendu le mot « intelligence collective » ? C'est l'idée selon laquelle dans un groupe, chaque membre apporte ses idées, ses expériences, et que cela contribue à atteindre un but commun.

Beaucoup de gens, et j'en fais partie, considèrent que les meilleures solutions sont construites collectivement : en mettant plusieurs esprits à contribution, nous nous trompons moins souvent que lorsque nous réfléchissons isolément, car les membres du groupe pourront nous aider à identifier les failles de notre raisonnement, tout en trouvant les meilleures solutions pour pallier le problème.

C'est particulièrement important lorsque l'on mène une campagne de mobilisation citoyenne : il est fréquent de ne pas savoir comment continuer à faire avancer une campagne lorsqu'on pense avoir tout essayé. De même, lorsque l'on se retrouve face à un pouvoir en place qui n'a pas du tout envie de changer ses méthodes, le recours à la créativité et à la stratégie est indispensable. On n'a jamais assez de têtes pensantes pour trouver comment faire plier des personnes dont l'objectif principal est de maintenir le statu quo.

J'ai accompagné un nombre incalculable de campagnes durant lesquelles les personnes qui avaient lancé une pétition ont, à un moment donné, envoyé un sondage à leurs signataires pour leur demander ce qu'ils et elles pensaient être la meilleure marche à suivre pour continuer l'action.

Je me rappelle notamment Alexandre Briolais, un jeune homme issu d'un milieu très modeste qui avait lancé une pétition depuis chez ses parents où il vivait encore dans les Pyrénées-Atlantiques, pour dénoncer le gaspillage d'Amazon qui jetait ses produits invendus, comme des téléviseurs ou des ordinateurs. Il y avait plusieurs options pour obtenir le vote d'une loi contre cette pratique (qui sera finalement votée et fera de sa campagne une victoire). Alexandre a simplement posé la question à ses signataires : devrait-on demander à un groupe politique de porter un amendement à la loi sur l'économie circulaire pour faire passer cette demande spécifique, ou directement passer par la ministre qui portait cette loi ? Il a laissé les signataires voter et donner leurs idées, car il savait qu'il aurait la meilleure réponse en les consultant. Finalement, le groupe a fait valoir que les deux actions étaient importantes, Alexandre a donc mis en place une action pour interpeller les parlementaires et une autre pour interpeller la ministre.

Une pensée collective est donc indispensable à la réussite de votre campagne et pour la construction d'un pouvoir citoyen sur le long terme. Pour y parvenir, il existe quelques principes simples à mettre en place.

Les principes de l'organisation collective

J'ai réalisé assez récemment que nombre des principes d'organisation collective qui ont été théorisés par des chercheurs et chercheuses ou des activistes sont au cœur des campagnes que j'ai soutenues ou dont j'ai été témoin. Les techniques, stratégies ou tactiques que je vais vous présenter ici sont utilisées depuis des dizaines d'années par un grand nombre d'activistes. Je n'invente donc rien. La plupart de ces principes, qui semblent d'ailleurs relever du bon sens, sont à la portée de toutes et tous. La preuve, des milliers de personnes agissent chaque jour pour changer notre société sans avoir lu au préalable la théorie, mais en la pratiquant. Si vous souhaitez aller plus loin et découvrir des travaux plus académiques, n'hésitez pas à consulter la bibliographie en fin d'ouvrage.

Créer des liens forts

La base de toute organisation collective est le lien qui peut se créer entre les personnes qui la constituent, et qui permet de maintenir le pouvoir collectif. C'est ce qui, comme je l'ai expliqué précédemment, permet de maintenir la campagne active et efficace.

En général, les gens se lient parce qu'ils ressentent de l'empathie et/ou de la proximité entre eux. Lorsque vous allez à une soirée, par exemple, et que vous ne connaissez personne, vous allez certainement plus facilement engager la conversation avec quelqu'un avec qui vous pensez avoir un point commun. Peut-être vos vêtements se ressemblent-ils ? Peut-être avez-vous une identité commune ? Peut-être avez-vous entendu cette personne parler d'un sujet qui vous intéresse ou vous concerne ? Personnellement, je vais en général parler aux femmes. Simplement parce qu'il me semble plus facile de ressentir de la proximité avec elles. Je vais aussi plus souvent vers les personnes qui parlent de politique, parce que c'est un sujet qui me passionne.

Quand j'ai rencontré Geoffroy, Alain et Angélique, qui font partie des personnes dont je me sens aujourd'hui la plus proche, nous étions à une soirée et on m'avait dit qu'ils et elle étaient célibataires et organisaient des soirées ensemble, par lassitude de devoir sans cesse composer avec des couples qui n'avaient pas les mêmes disponibilités ou centres d'intérêt. Je venais de me séparer après huit années de vie en couple et tous mes proches étaient en couple. Résultat : je me retrouvais la plupart du temps à tenir la chandelle ou sur le carreau, car la vie de couple rendait les autres indisponibles. Lorsque j'ai su que ces trois-là avaient la même expérience que moi, j'ai tout de suite eu envie d'aller à leur rencontre et de faire connaissance. En partageant nos expériences, drôles ou douloureuses, du célibat à plus de 30 ans, nous avons noué des liens très forts.

C'est donc à cette expérience commune que nous devons notre rapprochement. C'est parce que vous avez une expérience similaire que vous pouvez vous connecter avec autrui.

Dans le cadre d'une organisation collective, c'est aussi en partageant ses expériences que l'on peut créer ce lien. Il faut donc provoquer des moments de partage, où chacune et chacun peut raconter son vécu et développer ainsi des liens forts et de confiance avec les autres.

Le plus facile est de demander tout simplement aux gens de raconter ce qui les a conduits à rejoindre cette campagne. Quel est le cheminement qui les a amenés ici et maintenant ? L'idéal est de pouvoir se rencontrer au départ de la campagne et ensuite régulièrement, en prenant un café ensemble par exemple. Il est également possible de partager ces expériences à distance, notamment lorsque le groupe est plus important ou que la distance géographique ou les capacités à se déplacer varient dans le groupe.

Lorsque vous mettez en place votre QG de campagne, qu'il s'agisse d'un groupe sur le réseau social de votre choix ou d'une pétition en ligne, n'hésitez pas à lancer ces conversations. Demandez tout simplement aux gens de dire pourquoi ils sont là, quand ils rejoignent le groupe, et insufflez la pratique de remercier et de soutenir les personnes qui témoigneront d'expériences plus ou moins difficiles. Il ne s'agit pas de faire du voyeurisme, mais d'ouvrir la porte au partage bien sûr volontaire de ces expériences qui seront le ciment du groupe.

Construire en commun

Il ne suffit pas de créer du lien pour gagner une campagne citoyenne. Au-delà du partage de ce qui nous rapproche, il est nécessaire de construire la campagne ensemble.

Passer de la hiérarchie à l'horizontalité

La hiérarchie est la base d'organisation la plus répandue dans nos sociétés. Nous avons appris à obéir à nos parents, à nos responsables au travail, à nos aînés. Sortir d'un rapport hiérarchique et vertical pour aller vers une organisation collective horizontale n'est donc pas simple. Attention, horizontalité ne veut pas dire désorganisation. Comme nous le verrons, il faut que chacune et chacun joue un rôle déterminé, mais aussi s'assurer que les décisions sont collectives.

Pour pouvoir construire des choses en commun et maintenir le lien qui permet d'avancer ensemble, il faut concevoir que les gens qui ont rejoint votre campagne, ne sont pas de simples soutiens mais sont parties prenantes de celle-ci. Il faut apprendre à considérer que vous construisez la campagne avec elles et avec eux chaque jour, et rester humble par rapport à votre rôle. Oui, vous avez lancé l'initiative. Oui, vous pouvez revendiquer une forme de parentalité sur la campagne. Mais cette campagne n'existe pas sans les autres. Vous devez vous positionner comme une personne dont le rôle est de faciliter la campagne plutôt que de la diriger. Vous provoquez le combat, certes, mais ce qui en résulte appartient au groupe.

J'ai vu à de nombreuses reprises des personnes se désengager, estimant que la campagne n'était pas menée de manière collective ou étant en désaccord avec la manière dont la personne qui avait initié cette campagne la menait. C'est dommage, car lorsque les collectifs citoyens se déchirent, c'est souvent le statu quo qui gagne et l'utopie d'un monde meilleur auquel on aspire qui s'éloigne.

Bien sûr, on ne peut pas toujours être d'accord sur tout, mais mettre en place une organisation démocratique dans laquelle tout le monde a sa place et son mot à dire et où l'on décide collectivement a beaucoup plus de chances de réussir.

Alors, avant d'annoncer une décision sur la campagne, pensez à demander leur avis aux personnes qui en font partie – et laissez la porte ouverte à celles et ceux qui voudraient lancer le débat sur un sujet.

Développer des formes collectives de décisions

Comment faire pour être dans l'horizontalité tout en avançant ? Si l'échange et le débat doivent exister, il faut aussi mettre en place des outils pour pouvoir prendre des décisions collectivement et mener campagne.

Avec mon équipe, quand nous devons prendre une décision, nous donnons un score aux idées pour décider en commun comment les prioriser. Nous commençons par lister les problèmes rencontrés, puis nous listons les solutions possibles.

Exemple

Votre campagne prend de l'ampleur et de nombreuses personnes l'ont rejointe. Les médias commencent à parler de votre appel, mais le ou la responsable politique fait la sourde oreille. Il faut donc décider quoi faire pour le ou la pousser à réagir.

Donnez rendez-vous à vos soutiens les plus actifs pour une séance de travail collective. Vous pouvez l'organiser virtuellement, par exemple dans une vidéoconférence, ou en présentiel, si vos soutiens les plus actifs sont proches et disponibles pour se déplacer. Si vous travaillez à distance, vous pouvez utiliser des documents collaboratifs en ligne comme Framasoft ou Google Documents, qui permettent à plusieurs personnes d'écrire en même temps dans un même document.

- Demandez d'abord aux participantes et participants de lister les raisons pour lesquelles ce ou cette responsable ne répond pas.
- Pour chaque raison, demandez ensuite à chaque personne de proposer une action qui permettrait de résoudre le problème.
- Listez ensuite les actions et voyez s'il y a des idées similaires que vous pourriez regrouper.
- Pour chaque idée, donnez collectivement une note de 1 à 5 selon ses chances de faire réagir le ou la responsable (1 pas beaucoup de chances de réussite, 5 beaucoup de chances de réussite).
- Renouvelez l'opération et notez de 1 à 5 les idées selon la facilité à les mettre en place (1 pas facile à mettre en place, 5 très facile à mettre en place).
- Additionnez les points des différentes idées.

Vous avez ainsi une liste d'idées classées par leur degré d'impact potentiel et selon leur facilité d'exécution.

En règle générale, le mieux est de commencer avec les idées les plus faciles et les plus efficaces.

Cette méthode convient pour prendre collectivement une décision, mais sachez qu'il en existe bien d'autres que vous pourrez facilement découvrir en faisant des recherches sur le thème de la prise de décision collective. Les méthodes liées à la création de consensus sont aussi très efficaces ; il s'agit d'avoir une discussion assez ouverte durant laquelle chacun expose son point de vue. Une personne en charge de faciliter la conversation agit comme médiatrice de manière objective et va définir les éléments sur lesquels les gens peuvent se rejoindre et lever les obstacles qui subsisteraient entre ces idées, aménageant la proposition qui recueille le plus de consensus.

Pour éviter à avoir à créer des discussions longues et complexes pour chaque décision à prendre, en particulier lorsqu'elles ne sont pas cruciales, il faut définir ensemble des règles de fonctionnement communes. Cela peut inclure les valeurs du groupe, le type d'action qu'on mène et ce qu'on évitera toujours de faire, ou encore, la question de savoir qui prend les décisions sur quel sujet. Comme le dit Jo Freeman, une activiste américaine, attention à ne pas tomber dans la tyrannie de l'horizontalité.

Distribuer les responsabilités et jouer un rôle de facilitation

Le meilleur moyen de gagner une campagne est de s'assurer que tout ne repose pas sur les épaules d'une seule personne. La réussite d'une campagne dépend de la capacité à maintenir la pression sur la cible de la campagne et cela peut être épuisant pour une seule personne d'être constamment sur le pont. Le mieux est donc de partager le pouvoir et les rôles dans la campagne.

Prendre en compte les degrés d'engagement et les talents des uns et des autres

Pour pouvoir déterminer les rôles de chacun et chacune, le mieux est de se mettre d'accord au départ sur le temps disponible des participantes et participants. Il peut aussi s'agir d'un engagement en temps fluctuant, avec beaucoup de temps disponible à certains moments et moins à d'autres. Prenez en compte les disponibilités des uns et des autres et répartissez les tâches en fonction du niveau d'engagement qu'elles requièrent.

Il est important de penser aux talents, centres d'intérêt mais aussi aux limites que chaque personne peut vouloir imposer. Si l'une est particulièrement douée pour faire des visuels, proposez-lui de se charger de leur réalisation. Par contre, si une autre refuse d'être visible médiatiquement, ne lui imposez pas de faire des interviews avec la presse, même si vous pensez qu'elle représente bien le groupe et ses demandes.

Constituez des groupes de travail autonomes

Une fois établis les envies et besoins des uns et des autres, organisez des groupes de travail qui pourront prendre des décisions et avancer de manière autonome. Par exemple, un groupe chargé des relations avec la presse fera en sorte de constamment maintenir le lien avec les journalistes. Ou encore un groupe de travail sera en charge de la préparation des événements ou manifestations.

Donnez à ces groupes suffisamment d'espace pour décider. Si vous repassez derrière chaque décision, vous risquez de perdre la dynamique de groupe et la motivation de ses membres. Mettez-vous d'accord dès le départ sur certains principes si nécessaire, mais ensuite, faites confiance aux autres.

N'oubliez pas les soutiens au sens large

Au-delà des personnes qui peuvent participer à l'organisation et à l'animation de votre campagne, il existe toujours un groupe qui a une forme d'engagement différente mais primordiale. Ces personnes ont vraiment envie de faire en sorte que la campagne aboutisse, mais n'ont pas forcément la capacité ou l'envie de participer à l'organisation de celle-ci.

Ce groupe est la plupart du temps le plus imposant (en termes de nombre de membres), mais aussi l'un des plus importants, car il porte en lui le contre-pouvoir dont vous avez besoin ; rappelez-vous la balance : il faut le poids du collectif pour changer le rapport de force.

Il est indispensable de garder ce groupe impliqué et actif dans la campagne. Pour cela, il faut penser à informer systématiquement sur les avancées de la campagne, mais aussi à proposer des actions à mener régulièrement. Communiquez avec ce groupe de manière transparente et régulière, à l'aide des outils dont vous disposez sur votre QG de campagne. Si vous avez une pétition en ligne, faites des mises à jour sur la page de pétition. Si vous avez créé un groupe Facebook ou WhatsApp, postez régulièrement des messages dans ce groupe pour proposer des actions et donner des nouvelles. Même si ces personnes ne participent pas à l'organisation de la campagne, elles doivent pouvoir agir autant qu'elles le souhaitent et avoir le même niveau d'information que les autres membres du groupe plus actifs.

Un très bon exemple est celui des différents rôles et niveaux d'implication dans la campagne menée par Priscillia Ludosky, à l'origine du mouvement des gilets jaunes. En tant qu'initiatrice de la pétition, Priscillia a très vite joué un rôle d'organisatrice dans le mouvement. Elle organisait les manifestations ou les actions sur les ronds-points avec d'autres membres du mouvement, mais gardait constamment dans la boucle le million de personnes qui avaient signé sa pétition, leur proposant de participer aux marches, les informant des décisions prises par le gouvernement, ou leur demandant leur avis sur les actions à mener. Ces milliers de personnes constituaient le cœur vibrant de la campagne, et ce sont d'abord elles qui descendaient dans les rues et tenaient les ronds-points. Mais, parmi ces personnes, il y avait aussi toutes celles qui ne pouvaient pas descendre dans les rues ou manifester mais qui soutenaient le mouvement et partageaient ces messages.

Il est donc indispensable de constituer une équipe organisatrice qui aura pour rôle principal, avec vous, de garder l'ensemble des soutiens à la campagne actifs et engagés.

Communiquer pour gagner : informer et inciter à l'action avec des codes partagés

Comment animer votre groupe de soutien de manière efficace ? Il s'agit ici non seulement de vos soutiens à votre campagne impliqués et motivés, mais aussi d'utiliser la force du nombre pour faire avancer la campagne.

Pas d'information sans action

À chaque développement de la campagne ou à chaque actualité qui s'y réfère, communiquez auprès de vos soutiens pour les informer. Mais attention, chaque communication doit être pensée avec l'idée de transformer l'indignation en action.

Chaque fois que vous communiquez, demandez-vous : quelle action les soutiens pourraient-ils réaliser afin de faire avancer un peu plus la campagne ?

En 2019, un collectif de professeurs et d'élèves s'est constitué autour de Gvantsa, une jeune fille d'origine géorgienne qui allait être expulsée après deux années passées en France. Elle avait été arrêtée et enfermée dans un centre de rétention en vue de son expulsion. Ses soutiens avaient organisé une pétition et obtenu sa libération du centre. Le jour où cette libération est intervenue, ils ont informé les signataires de la pétition de cette bonne nouvelle mais en ont aussi profité pour leur dire que l'ordre d'expulsion n'était pas encore supprimé et qu'il fallait donc continuer à se mobiliser pour éviter que Gvantsa soit expulsée plus tard. Ils ont ainsi appelé dans la même communication à une manifestation quelques jours après, à laquelle des dizaines de personnes se sont rendues, si bien que la jeune fille a pu obtenir un visa d'études et rester en France pour passer son bac.

Créer des symboles communs

Un autre élément indispensable pour animer le groupe de soutien est de penser à des symboles communs qui permettent à toute personne de montrer son appartenance au groupe et de signifier son soutien à l'action. Ce n'est pas nouveau, nous avons toutes et tous un jour fait partie d'un club de sport, d'un groupe militant ou politique, d'une amicale de voisines et voisins ou d'un groupe de camarades de classe. Pensez-y : existe-t-il des images que vous avez partagées, des phrases que vous avez répétées, des vêtements que vous avez portés, ou des gestes que vous avez faits pour signifier votre appartenance à un groupe ?

Je partage la vie d'un homme qui a grandi dans les années 1980 et, comme beaucoup des garçons de son âge, lui et ses amis avaient créé une manière de se serrer la main bien à eux (impossible de vous la décrire, elle est trop compliquée !). Voilà l'exemple typique d'une pratique de groupe qui permet de maintenir un lien et d'afficher l'appartenance à une communauté.

Alors que les manifestations contre la hausse des prix du carburant du 17 novembre se préparaient, Ghislain Coutard, sympathisant du mouvement des gilets jaunes, a lancé l'idée, dans une vidéo publiée sur Facebook, de mettre un gilet jaune sur son tableau de bord pour signifier son soutien au mouvement. Ce gilet qui doit être obligatoire dans toute voiture pour des raisons de sécurité a été ensuite rapidement adopté par le mouvement qui en a fait son signe de ralliement. À tel point qu'aujourd'hui ce « vêtement » est représentatif de ce mouvement de lutte contre la précarité. On dit même de quelqu'un : « C'est un gilet jaune », ce qui montre à quel point ce symbole est devenu une identité à part entière.

Je me rappelle aussi en 2013 avoir travaillé avec Adrien Sergent, jeune auto-entrepreneur de 18 ans qui se battait contre la réforme de ce statut qui aurait mis nombre d'entre eux sur le carreau. Il disait que les auto-entrepreneurs et auto-entrepreneuses étaient les « coqs français de demain », en référence à l'animal qui symbolise la France, et avait donc qualifié son mouvement comme étant celui des poussins auto-entrepreneurs. Cet animal était devenu un signe de ralliement pour des milliers de personnes qui l'affichaient sur leurs réseaux sociaux.

Il peut aussi s'agir d'une expression ou d'un mot clé. Le mouvement qui a permis à de nombreuses femmes de dénoncer viols et agressions sexuelles par l'expression #MeToo est un exemple d'un simple mot qui a rassemblé des milliers de personnes. En effet, le partage de ces deux mots sur les réseaux sociaux a rendu visible l'ampleur de la violence que subissent trop de femmes, encore aujourd'hui.

Lorsque vous imaginez votre campagne, pensez à un symbole, un mot clé, un slogan qui pourra permettre à vos soutiens de partager la campagne et de se reconnaître. Et assurez-vous de sa présence dans toutes vos communications et prises de parole. Incitez aussi les soutiens à votre campagne à l'utiliser. Cela augmentera la solidarité dans le groupe et la capacité à identifier votre campagne, et donc la rendra encore plus efficace auprès des décideurs et décideuses et de la presse.

Faire partager les récits

Comme nous l'avons vu, partager son histoire permet de créer du lien entre les personnes d'un groupe, mais aussi de développer l'empathie de celles qui ne font pas encore partie du groupe.

L'ensemble de vos soutiens ont certainement leur propre histoire à raconter, et celle-ci peut convaincre d'autres personnes autour d'eux.

Incitez donc vos soutiens à raconter publiquement leur histoire pour pousser plus de personnes à réaliser l'importance de votre combat.

Là encore, l'exemple de #MeToo montre que le partage d'un récit personnel peut générer une identification massive à la cause et pousser toujours plus de personnes à raconter leur vécu, mais aussi convaincre celles qui n'auraient pas été victimes de la nécessité d'agir.

Lorsque vous animez votre campagne, vous pouvez, par exemple, demander à vos soutiens de vous envoyer une vidéo avec leur histoire, que vous pourrez partager ou monter en un seul film avec l'ensemble des témoignages.

Récemment, des millions de personnes ont signé une pétition pour demander justice pour George Floyd, cet homme noir qui a été tué lors d'une interpellation à caractère raciste. L'ensemble des signataires de la pétition ont envoyé une vidéo expliquant pourquoi il était important pour elles et eux d'obtenir justice pour George Floyd. Tous ces témoignages ont été montés en une seule vidéo poignante, qui a permis de fédérer encore plus de personnes autour de la cause.

Ces actions pouvant être renouvelées régulièrement permettent de maintenir un lien fort entre vous et vos soutiens ainsi qu'entre vos soutiens eux-mêmes.

Constituer un groupe solidaire est donc indispensable pour construire un pouvoir citoyen. Cela permet d'être plus efficace, et, comme nous le verrons dans le prochain chapitre, d'augmenter le succès des actions communes que vous pourriez organiser.

À retenir

Pour gagner votre campagne, vous ne pouvez pas vous passer de vos soutiens : ayez à cœur de construire un projet collectif et de constituer une petite équipe d'organisation.

Si vous ne facilitez pas une dynamique de groupe, vous ne construirez pas de pouvoir sur le long terme et risquez de vous retrouver l'unique soutien de votre campagne.

Lorsque vous faites campagne, **faites attention à ne pas reproduire des dynamiques d'oppression** envers certaines personnes.

Plus les membres sont nombreux, plus les groupes ont de bonnes idées : demandez leur avis à vos soutiens et déléguez les responsabilités en fonction des possibilités et savoirs de chacune et chacun.

Prenez des décisions en groupe, plutôt que dans votre coin : vous développerez la solidarité entre les membres du groupe et vous assurerez de sa pérennité.

Pour créer des liens forts dans le groupe, incitez chacune et chacun à raconter son histoire et à dire pourquoi il ou elle a rejoint le groupe.

Informez constamment vos soutiens, tout en ajoutant une action à mener pour faire avancer la campagne.

Créez un symbole commun qui vous ressemble et vous permet d'être visible.

À vous de jouer !

Fiche pratique à remplir

Checklist pour les actions que vous menez

❒ Avant de lancer des actions avec le petit groupe d'organisation de ma campagne, j'ai organisé un temps d'échange où chacune et chacun partage son histoire – et je renouvelle l'opération quand de nouveaux membres rejoignent le groupe d'organisation.

❒ J'ai demandé l'avis du groupe sur l'action.

❒ J'ai vérifié que tous les membres du groupe d'organisation ou presque étaient d'accord – sinon, je mets en place une discussion pour arriver au consensus.

❒ Je n'ai pas exclu volontairement ou involontairement certaines personnes du groupe.

❒ J'ai veillé à demander leur avis aux personnes qui ne se sont pas exprimées.

❒ J'ai vérifié que l'action ne va pas être discriminatoire ou violente envers certains groupes opprimés.

❒ J'ai bien informé tous les soutiens des dernières informations reçues et je leur ai proposé une action à mener.

Pour chacun des exercices suivants, veillez à faire participer quelques membres de votre groupe d'organisation.

La charte de notre groupe

(écrivez en 10 points au maximum les valeurs, principes et objectifs de votre groupe)

- ....
- ....
- ....
- ....
- ....
- ....
- ....
- ....
- ....
- ....

Les règles de fonctionnement de notre groupe (communication, qui prend les décisions...)

- ....
- ....
- ....
- ....
- ....
- ....
- ....
- ....
- ....

Listez chaque groupe, ses responsabilités, et ses membres

....
....
....
....

Le symbole de notre campagne
(une image, un objet, une phrase, un mot clé)

....
....
....

CHAPITRE 10
FAITES MONTER LA PRESSION

En 2016, le gouvernement a décidé de mettre en place une réforme du Code du travail qui a été dénoncée par des millions de personnes et qui a donné lieu à des manifestations importantes. Cette mobilisation a donné naissance au mouvement Nuit debout qui avait pour but d'occuper l'espace public et de réfléchir à un nouveau modèle de société. C'était un moment incroyable à vivre pour quelqu'un comme moi, passionnée par les mobilisations citoyennes. Le plus remarquable à mon sens était de voir à quel point cette campagne, qui avait commencé par une simple pétition, s'était muée en un mouvement social majeur.

Les raisons de ce succès sont d'abord structurelles : les Françaises et les Français ont à cœur de défendre un droit du travail particulièrement protecteur pour les salariés ; toute tentative de réforme est scrutée et donne lieu à des mouvements d'ampleur. Mais au-delà de cette spécificité, c'est bien la manière dont la campagne a été menée par ses organisateurs et organisatrices qui a permis à cette pétition de devenir un mouvement. Après chaque annonce du gouvernement, prise de position ou déclaration, les personnes qui menaient cette campagne ont su réagir et faire pression sur les responsables politiques, au point que le gouvernement a dû utiliser le fameux 49.3, cet article de la Constitution qui permet de faire passer un texte de loi sans le vote du Parlement.

Quelle a été la stratégie adoptée ? Les organisatrices et organisateurs ont demandé systématiquement aux signataires de la pétition de réagir en menant des actions en ligne ou dans la rue : envoyer des tweets en masse aux ministres en charge, appeler – via un système mis en place sur un site dédié – des parlementaires pour leur demander de retirer leur soutien au projet ou encore de manifester. De multiples tactiques ont été utilisées pour faire grandir la campagne, pour accroître la pression pesant sur les responsables politiques et les pousser à réagir.

Martin Luther King, un des leaders du mouvement pour les droits civiques aux États-Unis dans les années 1960, qualifiait ces actions d'escalade de campagne : en d'autres termes, il s'agit de mettre en place des actions réactives ou proactives qui dramatisent et amplifient le problème de telle sorte qu'il ne puisse plus être ignoré, et de créer une situation de crise si intense qu'elle ouvrira inévitablement la porte à la négociation.

Regardons de plus près ces tactiques dites d'« escalade » que vous pouvez utiliser pour, avec votre groupe de soutien, faire avancer votre campagne et forcer les responsables politiques ou économiques à répondre à votre demande. Ces tactiques peuvent être mises en place tout au long de votre campagne mais nécessitent souvent un nombre minimum de soutiens pour être efficaces. Ne vous lancez donc pas tête baissée avant d'avoir constitué un groupe de soutien de départ.

L'interpellation et le partage en masse

L'une des tactiques les plus efficaces consiste à interpeller directement les destinataires de votre campagne pour leur demander de réagir, ou à partager massivement un contenu que le destinataire ne pourra pas ignorer. Ces techniques fonctionnent mieux lorsqu'elles sont menées par un nombre suffisamment important de personnes et/ou de manière répétée.

Vous pouvez organiser directement ces actions à partir de votre QG de campagne, en publiant un appel à l'action sur votre page de pétition, votre compte de réseaux sociaux, votre site, ou encore par e-mail si vous avez les adresses électroniques de vos soutiens.

L'objectif est que toutes les personnes qui soutiennent votre action partagent le même message au même moment ou de manière continue en se relayant afin qu'elles fassent masse et aient un impact.

L'interpellation en ligne

Le *bombing* sur les réseaux sociaux consiste à demander à vos soutiens de partager un message écrit qui s'adresse à la cible de votre action soit en la mentionnant dans le message, soit en postant le message directement sur ses réseaux sociaux. Pour cela, il vaut mieux donner un modèle de message à copier-coller ou encore utiliser des outils comme ShareLinkGenerator qui vous permettent de créer des messages à partager directement en cliquant sur un lien.

Exemple

La famille d'Ibrahima Bah, mort lors d'un contrôle d'identité par la police, a lancé un appel aux signataires de sa pétition demandant justice pour Ibrahima. Le frère d'Ibrahima leur demandait de cliquer sur un lien pour envoyer au ministre de la Justice un tweet qui contenait ce message : « @E_DupondM, serez-vous celui qui saura nous redonner confiance en la justice ? En solidarité avec les victimes de #violencespolicières, je vous demande de mettre fin à l'opacité de la justice et à l'impunité. Nous attendons votre réponse --> bit.ly/LettreouverteDianéBah »

Il peut aussi s'agir de partager le même contenu qui interpellera les responsables politiques : par exemple, un visuel qui dénonce une situation donnée avec un mot clé que tout le monde utilise. Ici, le but est de faire émerger le sujet dans les conversations sur les réseaux sociaux pour que le destinataire de la campagne ne puisse pas ignorer les appels qui lui sont faits. Il peut aussi s'agir de demander à vos soutiens de changer leur photo de profil sur les réseaux sociaux pour montrer le mouvement massif que vous représentez.

Exemple

Le collectif Nous Toutes publie régulièrement des visuels sur lesquels on peut voir le nombre de victimes de féminicides à la date du jour et qui interpellent directement le gouvernement ou Emmanuel Macron en le mentionnant dans la publication. En faisant partager à ses soutiens ce visuel en masse, Nous Toutes rend ce chiffre visible et notifie au président chaque publication de ce visuel.

Vous pouvez également faire un appel à contribution auprès de vos soutiens : par exemple, leur demander de partager une photo, une vidéo ou un témoignage écrit en réaction à votre appel et d'utiliser le même mot clé pour pouvoir additionner les contributions et montrer l'ampleur du mouvement.

Exemple

La journaliste à l'origine du mouvement #BalanceTonPorc, Sandra Muller, avait incité les autres femmes sur Twitter à dénoncer leurs agresseurs avec ce message : « #balancetonporc !! toi aussi raconte en donnant le nom et les détails d'un harcèlement [sic] sexuel que tu as connu dans ton boulot. Je vous attends. » Elle avait ensuite posté sa propre histoire en nommant son agresseur, laissant la place à des centaines d'autres témoignages.

L'interpellation hors ligne

Ce genre d'action peut aussi être mis en place en dehors des réseaux sociaux. En général, cela nécessite un peu plus d'engagement de la part des personnes qui participent et il est donc mieux de le faire après avoir déjà « préparé » vos soutiens avec des actions plus faciles.

On peut tout d'abord utiliser la technique des appels téléphoniques massifs adressés au ou à la responsable que vous ciblez. Attention, il ne s'agit pas ici de mettre en place un harcèlement contre une personne en particulier, mais bien d'utiliser l'interpellation par téléphone pour faire passer le message de campagne.

En ce sens, on utilise le numéro de l'institution que représente votre décideur ou décideuse, et l'on demande aux soutiens de rester courtois et calmes au téléphone lorsqu'ils appellent. Leur procurer un script avec le message à délivrer sera plus efficace et évitera les dérives. Fournissez-leur le numéro de téléphone à composer, le message à faire passer, et rappelez les règles de courtoisie et de respect dans le cadre de cette action. On peut mener ces actions sur plusieurs jours, pour éviter que les responsables se démobilisent après quelques heures.

On peut utiliser la même méthode avec un courrier simple. Fournissez l'adresse de l'institution et un courrier type à adresser. Cette technique peut aussi se faire en ligne si vous donnez un e-mail type, le mail de contact à utiliser ou le lien vers la page où se trouve le formulaire de contact de l'institution.

Étude de cas : Justice pour Mohamed

Mohamed Abdelhadi est mort assassiné en 2001 par deux personnes qui ont été identifiées par la police. Mais la justice a perdu le dossier de Mohamed et le crime a été prescrit après des années de bataille de sa famille. Pour pousser la ministre de la Justice à réagir, sa sœur Naouel a lancé une pétition.

N'ayant pas de réponse, elle a lancé une semaine complète d'interpellation de la ministre par ses signataires. Pour ce faire, elle a envoyé chaque jour un message à ses soutiens via sa page de pétition en leur demandant de mener une action différente :

- Le premier jour, elle leur a demandé de partager sur Facebook un message à l'adresse de la ministre qu'elle avait préparé ;
- Le deuxième, de lui envoyer un message sur Twitter ;
- Le troisième, d'envoyer un e-mail à la ministre ;
- Le quatrième, d'aller poster un message sur le formulaire de contact du ministère de la Justice ;
- Le cinquième, d'envoyer une lettre recommandée à la ministre ;
- Le sixième, d'appeler le standard du ministère.

Chaque fois, les messages de Naouel demandaient aux signataires d'agir et leur donnaient un message préparé d'avance pour faciliter leur engagement.

Les lettres ouvertes ou tribunes

Une autre technique plus classique d'interpellation – qui ne nécessite pas l'action en masse des soutiens – consiste à publier un texte dans un média important ou à forte visibilité, sous forme de lettre ouverte ou de tribune. Deux exemples emblématiques : le fameux « J'accuse » d'Émile Zola dans *L'Aurore* et le manifeste des 343 dans *Le Nouvel Observateur* signé par 343 femmes, connues ou non, assumant avoir eu recours à un avortement alors que cette pratique était illégale en France à l'époque.

Il s'agit ici de porter un message auprès des décideurs et décideuses en utilisant la légitimité du média choisi et la force de la lettre qui s'adresse directement à la cible de votre campagne. Il faut donc dans cette lettre énoncer votre demande et faire valoir vos arguments en vous adressant à la cible de votre campagne à la deuxième personne.

Cette technique nécessite d'abord de convaincre un média de la publier et de lui donner de la visibilité. Le mieux est donc de passer par les journalistes avec qui vous avez déjà établi des contacts ou d'entrer en relation avec les journalistes spécialistes du sujet dans les rédactions qui publient ce genre de lettre ouverte. La plupart des grands quotidiens papier, ainsi que quelques sites d'information comme Mediapart, Le Huffington Post ou encore L'Obs, publient des tribunes et lettres ouvertes.

Pour les convaincre de vous publier, trois ingrédients sont importants :

- Il faut que votre lettre soit adressée à une institution ou une personnalité de premier plan.
- La lettre ouverte doit résonner avec l'actualité du moment.

- La lettre ouverte doit revêtir une forme de nouveauté et d'exclusivité. Si vous l'avez déjà publiée quelque part, il sera plus difficile de la faire publier par le journal.

Obtenir la signature de votre texte par de nombreuses personnalités peut aussi vous aider à obtenir l'attention des médias. Pensez à demander leur signature de soutien à toutes les personnes influentes que vous aurez déjà repérées pour soutenir votre campagne.

La manifestation et le rassemblement

La manifestation ou le rassemblement sont des actions classiques de la mobilisation citoyenne qui peuvent se révéler très efficaces lorsqu'elles sont organisées au moment opportun, obtiennent une large couverture médiatique et rassemblent un nombre significatif de participantes et participants, au regard de la dimension de la campagne (nationale ou locale).

Voici ce à quoi il faut penser pour organiser une manifestation.

Assurer une participation minimale

Avant de se lancer, il est nécessaire de définir un seuil minimal de participation, afin de décider si l'on organise une manifestation ou si on part plutôt sur une autre action. En effet, une manifestation rassemblant très peu de participantes et participants peut vite devenir contre-productive et donner des arguments à la cible de votre campagne pour ne pas vous prendre au sérieux.

En fonction de la cible, le nombre de manifestantes et manifestants nécessaire pour avoir un impact sera plus ou moins important.

Pour une campagne locale, et selon la taille du territoire, quelques dizaines de manifestantes et manifestants peuvent avoir un impact considérable.

Lorsqu'il s'agit de manifestations nationales, plusieurs centaines de personnes donnent déjà beaucoup de poids à votre action.

Si vous êtes un petit groupe, il n'est pas nécessaire de marcher – vous pouvez simplement organiser un rassemblement. Au contraire, si vous attendez un nombre très important de personnes, une marche est plus adaptée et donnera encore plus d'envergure à votre manifestation.

Cela ne veut pas dire qu'il ne faut pas se lancer et essayer de rassembler largement. Simplement, si votre base de soutien est encore trop réduite, par exemple de quelques dizaines, mieux vaut continuer à la faire grossir avant de passer à une manifestation ou à un rassemblement. En attendant, vous pouvez organiser d'autres actions symboliques (voir le paragraphe « Action directe », plus loin).

Pour assurer un maximum de participation, communiquez bien en amont et de manière très régulière sur la tenue de la manifestation. En vue de celle-ci, toutes vos communications pour tenir vos soutiens informés des avancées de la campagne doivent contenir un appel à participer. Vous pouvez aussi demander aux gens de s'inscrire sur un événement, sur Facebook par exemple, pour vous assurer qu'ils n'oublieront pas.

Valider le mot d'ordre et préparer les slogans

La première chose que l'on va vous demander lorsque vous manifesterez, qu'il s'agisse des responsables politiques, des journalistes ou même des gens que vous croisez dans la rue, sera : « Pourquoi manifestez-vous ? » Cela peut paraître évident, mais il est fréquent que des manifestations soient organisées sans mot d'ordre ou demande précisément formulée, et là encore, cela donne du grain à moudre à vos adversaires, au décideur ou à la décideuse, qui pourront alors vous ignorer. Pensez donc à bien clarifier le mot d'ordre de votre manifestation. Cela peut être la demande de votre campagne ou bien une autre demande qui est liée.

Par exemple, lors des mouvements massifs pour le climat organisés par la jeunesse étudiante et lycéenne, le mot d'ordre donné par Greta Thunberg était d'exiger que les dirigeants politiques respectent les accords de Paris pour le climat – même si la couverture médiatique a parfois fait croire qu'il s'agissait uniquement de jeunes qui manifestaient « pour le climat ».

Assurez-vous que chacune et chacun des participants connaît ce mot d'ordre et peut communiquer cette demande.

Le succès d'une manifestation tient aussi à la qualité de l'expression des participantes et participants. Si vous organisez une manifestation mais que personne ne dit rien et que personne n'a de pancarte, vous risquez de rater l'opportunité de faire passer votre message et de montrer votre détermination. Pensez donc à préparer en amont de la manifestation une liste de slogans que les manifestantes et manifestants pourront scander ou écrire sur des pancartes. Des chansons ou des danses peuvent aussi être imaginées.

Le 8 mars 2020, lors de la Journée internationale des droits des femmes, les « Rosies » avaient fait irruption dans le cortège. Habillées comme Rosie la Riveteuse, devenue une icône féministe avec son bandeau rouge sur la tête, son bleu de travail et son regard déterminé, ces dizaines de femmes avaient chanté dans le cortège une adaptation de la chanson *À cause des garçons* en la transformant en « À cause de Macron ». Elles avaient distribué les paroles de la chanson dans la foule pour que chacune et chacun puisse les rejoindre. Cette action, organisée par l'association Attac, fut un grand succès médiatique et donna beaucoup d'énergie aux personnes qui manifestaient.

Pensez à partager ces slogans et idées de pancartes à vos soutiens en amont de la manifestation. Vous pouvez également mettre en place un atelier pour fabriquer sa pancarte sur place, le jour J, voire en distribuer vous-même.

Déclarer sa manifestation et assurer la sécurité de toutes et tous

Le préalable à toute manifestation est de la déclarer auprès du maire de la ville où vous l'organisez ou auprès du préfet du département si la police nationale est compétente dans cette ville (en général les plus grandes villes). Vous devez faire cette déclaration au moins trois jours avant la manifestation et au maximum quinze jours avant. Vous pouvez trouver toutes les informations nécessaires sur le site service-public.fr*.

Cette déclaration n'est pas une autorisation : le droit de manifester est garanti par la Déclaration universelle des droits de l'homme. Il est par contre possible que votre manifestation soit interdite si les autorités estiment qu'elle pourrait créer un danger ou un trouble à l'ordre public. Depuis les attentats terroristes survenus en France en 2015, les autorités restreignent plus souvent cette liberté, mais il est primordial de continuer à l'exercer. Si vous avez un doute, adressez-vous à des associations comme Amnesty International.

N'oubliez pas également, en particulier si vous pensez que la manifestation sera très suivie, d'assurer la sécurité de toutes et tous. Il peut être utile de donner des rôles de sécurité et de médiation à quelques personnes qui s'assureront que les participantes et participants ne sont pas l'objet de prises à partie ou de violences de la part des opposantes et opposants.

Ces médiateurs peuvent aussi jouer un rôle important dans le cas où des tensions auraient lieu entre manifestants ou manifestantes et police.

---

* Conditions légales pour l'organisation de manifestations, défilés ou rassemblements sur la voie publique : https://www.service-public.fr/associations/vosdroits/N31332

L'action directe

L'action directe peut prendre de nombreuses formes. De la grève à la désobéissance civile menée par les activistes climat dont vous avez peut être entendu parler récemment, ces formes d'action sont particulièrement utiles quand les mobilisations plus classiques ou moins perturbatrices n'ont pas abouti. Elles ne requièrent pas toujours une participation massive comme les manifestations ou rassemblements mais sont d'autant plus efficaces lorsqu'elles sont créatives et menées par des groupes importants et bien coordonnés.

Créer une crise avec nos corps

L. A. Kauffman est ce qu'on appelle une organisatrice, elle accompagne et conseille de nombreux groupes qui souhaitent faire campagne pour obtenir des changements concrets. Spécialiste américaine reconnue partout dans le monde, elle a écrit de nombreux ouvrages pour donner des clés aux personnes qui veulent se lancer dans l'activisme. Pour elle, l'action directe consiste à « créer une crise avec nos corps, une crise qui force le pouvoir à agir »*, c'est une « large variété de tentatives pour créer du changement en dehors des mécanisme établis »**.

L'idée est donc ici de refuser de coopérer en opérant un blocage avec ses actions ou son corps, de créer un moment de tension pour rendre visible une situation anormale méconnue ou invisible. Finalement, c'est l'idée que nous donnons du pouvoir à nos dirigeants et que désobéir aux règles établies par nos dirigeants nous donne du pouvoir pour négocier.

---

* Cité par Mathieu Magnaudeix, *Génération Ocasio-Cortez. Les nouveaux activistes américains*, La Découverte, 2020.

** L. A. Kauffman, *Direct Action: Protest and the Reinvention of American Radicalism*, Verso Books, New York, 2017.

Les différents types d'action directe

Il existe des centaines de manières de faire de l'action directe et je ne pourrais pas toutes les citer. La particularité de l'action directe est qu'elle peut être réinventée par toutes et tous selon la campagne menée. Il n'y a pas de règle sur la forme qu'elle doit prendre, le principe étant de créer une tension importante qui poussera les responsables à débloquer une situation qui devient intenable.

L'ingrédient principal de l'action directe, c'est donc la créativité* ! Une action directe doit être originale, interpeller et mettre mal à l'aise les cibles de votre campagne sans qu'elles puissent vous reprocher de faire quelque chose de condamnable. Nous verrons des exemples ci-dessous dont vous pourrez vous inspirer.

La grève

Le droit de grève est un droit garanti par la Constitution. Il consiste, pour un groupe d'au moins deux personnes, à cesser le travail pour faire valoir des revendications auprès de son employeur. Mais récemment, il a pris une autre forme avec des mouvements de personnes cessant le travail, non pas pour exiger quelque chose de leur employeur, mais pour mettre en avant l'importance de certains groupes dans la population ou pour porter des revendications en dehors de la sphère d'une entreprise spécifique. C'est ainsi que le 14 juin 2019 a eu lieu une grève des femmes en Suisse pour demander une véritable égalité salariale, de meilleures conditions de travail et la reconnaissance du travail non rémunéré qu'elles effectuent. Plus de 500 000 femmes y ont participé.

Faire grève est très efficace pour faire monter la pression envers les décideurs et décideuses politiques ou économiques : en bloquant la production, les employés peuvent avoir un impact sur la santé

* Voir les 198 idées d'action non violentes compilées par Gene Sharp : https://www.contrepoints.org/2019/01/07/16180-198-methodes-dactions-non-violentes

économique d'une entreprise et donc pousser ses dirigeants à agir, ou même l'État lorsqu'il s'agit d'une entreprise stratégique pour le pays.

On a souvent en tête l'image des grèves massives contre la réforme du droit du travail. Sachez que des grèves moins massives et plus locales peuvent aussi avoir un impact significatif. Ainsi, vingt femmes de ménage de l'hôtel Ibis des Batignolles à Paris ont décidé d'entrer en grève en juillet 2019, demandant d'être employées directement par les hôtels, et non par des sous-traitants leur infligeant des cadences infernales (faire une chambre en dix-sept minutes) et leur imposant de travailler plus longtemps pour accomplir leur mission sans être payées pour les heures supplémentaires. Leur combat est toujours en cours, mais leur capacité à réduire le nombre de chambres disponibles dans cet hôtel a été un outil efficace pour déclencher la négociation.

Il n'y a pas de temps minimal ou maximal pour faire grève et vous n'avez pas besoin de donner un préavis sauf si vous travaillez dans un service public. Par conséquent, si vous pensez que cesser vos activités peut mettre votre cible dans l'embarras et la pousser à négocier, utilisez cette méthode en veillant à bien respecter les conditions légales pour que cette grève ne soit pas considérée comme illicite – consultez le site service-public.fr* pour vous en assurer.

Le boycott

Le boycott consiste à arrêter de consommer les produits ou les services d'une entreprise ou d'un État. C'est une action efficace qui utilise le même principe que la grève : en mettant en difficulté une entreprise ou une industrie, vous poussez les responsables à entrer en négociation avec vous.

---

* Droit de grève dans la fonction publique : https://www.service-public.fr/particuliers/vosdroits/F499
Droit de grève d'un salarié du secteur privé : https://www.service-public.fr/particuliers/vosdroits/F117

Plus encore que pour la grève, il est nécessaire d'avoir une masse critique de personnes qui pratiquent le boycott pour que cela ait un effet et crée une crise pour la cible. Mais souvent, l'appel au boycott agit aussi en mettant à mal la réputation de la marque ou de l'entreprise et peut donc avoir un effet si le boycott est largement médiatisé ou visible sur les réseaux sociaux, même s'il n'est pas largement suivi.

Lorsque vous décidez de lancer une action de boycott, pensez donc à utiliser les tactiques de médiatisation décrites dans le chapitre 8 afin de vous assurer que, même si vous n'arrivez pas à avoir un nombre important de personnes qui boycottent, cette action sera visible et aura plus de poids face à la cible de votre campagne.

Aujourd'hui, certaines plateformes comme I-boycott permettent d'organiser une campagne de boycott en ligne et ont vu de nombreux succès, comme celui de la campagne demandant à Oasis de ne plus sponsoriser le cirque Pinder qui utilisait des animaux dans ses spectacles, grâce à la participation de 3 500 personnes.

L'occupation

L'occupation de certains lieux est également un mode d'action qui peut s'avérer efficace pour des groupes de citoyennes et de citoyens mobilisés. Il peut prendre différentes formes :

- Le sit-in, qui consiste à s'asseoir dans un lieu pour l'occuper ;
- Le die-in, qui consiste à s'allonger (pour mimer la mort ou la disparition de personnes).

Tout l'intérêt des occupations est qu'à un moment donné, les responsables politiques ou économiques vont tenter de vous déloger, via la police ou leurs services de sécurité. Et c'est là que vous créez la crise : il devient presque ridicule de tenter de déloger des gens qui sont simplement assis ou couchés par terre et ne représentent aucun danger.

De nombreuses techniques existent pour apprendre à ne pas se faire déloger, sans opposer de violence : par exemple, on peut entrecroiser ses bras et ses jambes avec d'autres personnes qui sont assises à côté de soi, ou bien « faire le poids mort », c'est-à-dire ne pas opposer de résistance et rendre l'ensemble de ses membres « mous » et donc difficiles à bouger par les forces de l'ordre.

Quand vous optez pour une attitude non violente, c'est l'action des forces de l'ordre qui paraît violente. Les images de ces actions mettent en exergue l'absurdité de l'opposition à laquelle vous et vos soutiens faites face, voire leur ridicule, ce qui vous permet de gagner des points auprès de l'opinion publique et de faire encore monter la pression contre les cibles de votre campagne – tout en gagnant des soutiens supplémentaires.

Si vous souhaitez organiser une telle action, le collectif Les Désobéissants et le mouvement Action non-violente COP21 proposent des formations qui donnent des clés pour organiser ces actions de manière efficace et sûre.

Les autres modes d'action dits de « désobéissance civile »

Il existe de nombreuses formes d'actions de désobéissance civile. Leur point commun est qu'elles consistent à mettre en place une action non violente dont le cœur est la désobéissance à des règles établies ou à des lois de manière volontaire et à visage découvert. On assume le fait que l'on désobéit et on le fait pour montrer que le système est injuste et qu'il faut le changer. On assume donc aussi les potentielles conséquences légales qui en découleraient.

Élodie Nace, porte-parole d'Alternatiba et du mouvement Action non-violente COP21 – deux organisations qui se mobilisent contre le changement climatique –, explique : « L'action directe n'enfreint pas la loi lorsqu'il s'agit d'un "happening" (par exemple, les résidents et résidentes d'un logement social qui se rendent avec des couvertures et des polaires chez leur bailleur pour protester contre le chauffage en panne), mais les actions de désobéissance civile choisissent délibérément d'enfreindre la loi et d'assumer les conséquences juridiques potentielles. C'est le cas des décrochages de portrait d'Emmanuel Macron dans les mairies pour dénoncer son manque d'action pour le climat. Nous entreprenons des actions illégales qui pourtant nous semblent légitimes, pour dénoncer des pratiques illégitimes qui sont légales. Nous n'agissons pas contre la loi ou le droit, mais justement parce que nous voulons la faire évoluer. À l'inverse, dans le champ climatique, nous agissons pour faire respecter l'accord de Paris, un traité international qu'a signé la France et qu'elle-même ne respecte pas. »

Dans le passé, de nombreuses lois ont été remises en cause par des actions de désobéissance civile et ont permis d'obtenir des avancées importantes pour les droits humains. C'est ce qui s'est produit lorsque le 1er décembre 1955, Rosa Parks, une Afro-Américaine, figure du mouvement des droits civiques aux États-Unis, a refusé de céder son siège à un passager blanc à Montgomery en Alabama comme la loi le lui imposait. Elle a été verbalisée et a contesté cette amende, ce qui a été le point de départ de nombreuses autres actions de désobéissance aux États-Unis pour remettre en cause les lois de ségrégation raciale qui étaient en vigueur.

Ce sont ces actions, conjuguées à des manifestations massives, qui ont permis de mettre fin aux lois Jim Crow.

Aujourd'hui, nombreux sont ceux qui utilisent l'héritage de ces mouvements majeurs pour organiser des actions et défier les institutions, dans le but de faire changer les lois et de pousser les responsables politiques à agir. C'est le cas du groupe Action non-violente COP21 qui, en 2019, est entré dans de nombreuses mairies pour décrocher le portrait d'Emmanuel Macron afin d'interpeller le chef de l'État sur l'urgence climatique et de dénoncer son inaction. Certaines et certains de ces activistes ont été condamnés à 500 euros d'amende. Ce jugement leur permet d'insister sur le décalage entre l'urgence d'agir pour la planète et les sanctions infligées à celles et ceux qui tentent d'alerter de manière non violente.

Les blocages sont un autre mode d'action qui consiste à bloquer l'accès à certains endroits. Officiellement, bloquer l'accès d'un lieu (une entreprise ou un service public) est illégal, car c'est une entrave à la liberté de circulation.

Récemment, une action de blocage citoyenne massive a été organisée à la Défense par différentes organisations, dont Greenpeace, Les Amis de la Terre et Action non-violente COP21, contre la « République des pollueurs ». Plus de 2 000 personnes ont bloqué les accès aux tours de Total, EDF, Société générale ainsi qu'au ministère de la Transition écologique et solidaire à la Défense, pour dénoncer l'alliance entre Emmanuel Macron, son gouvernement et les grandes entreprises dont l'activité accélère le changement climatique. Seule une personne a été placée en garde à vue et le blocage a été largement couvert par la presse, ce qui a augmenté la pression sur ces entreprises.

Ce genre d'action peut être particulièrement efficace pour attirer l'attention des médias et faire parler de votre campagne, il permet aussi de mettre l'accent sur la légitimité de votre appel face à l'illégitimité des potentielles sanctions contre l'action de votre groupe. Par conséquent, passez du temps à préparer l'action la plus créative possible et qui mettra l'accent sur l'injustice que vous dénoncez. Il est indispensable de penser sa stratégie pour médiatiser votre événement (voir plus loin). C'est également nécessaire dans le cas où vous feriez l'objet de poursuites ou de condamnations pour ces actions : prendre ce risque n'est utile que si vous pouvez faire prendre de l'ampleur à la campagne en médiatisant cette répression.

Se préparer à une action de désobéissance civile

Comme vous l'aurez compris, l'action directe, en particulier les actions de blocage ou de désobéissance civile, comporte des risques à la fois sur le plan juridique et pour votre sécurité physique. Il est donc indispensable de bien vous préparer avant de les mettre en place.

Définissez votre action et répartissez les rôles

Commencez par consulter les sites des organisations de référence, qui donnent de nombreux outils pour préparer votre action. Ils vous fourniront également des exemples de campagnes de désobéissance efficaces.

Désobéir.net propose des ressources en ligne et des formations, tout comme Action non-violente Cop21. Vous pouvez aussi vous inscrire pour participer à des événements organisés par ces groupes afin de vous initier à ce mode d'action et comprendre ce qu'il implique.

Prenez ensuite le temps de réfléchir avec votre groupe de soutien à une action qui aurait, selon vous, le plus de chances de réussir.

Écrivez le scénario de cette action :

- Que va-t-il se passer ?
- Qui fait quoi, quand, comment, avec qui ?

Une fois que vous avez écrit ce scénario, voici quelques questions à vous poser :

Est-ce que cette action va créer une crise pour la cible de votre campagne ?	Il faut que cette action crée une gêne pour la cible de votre campagne : • Soit parce qu'elle est néfaste pour sa réputation ; • Soit parce qu'elle l'empêche de mener ses activités ; • Soit parce qu'elle dérange un système en place qui profite à votre cible.

Est-ce que cette action peut attirer l'attention des médias ?	Il faut qu'elle soit visuelle, surprenante, et inédite. Il faut qu'elle puisse être facilement comprise. Il faut qu'elle mette en avant ce que vous dénoncez. Il faut qu'elle soit symbolique.
Les risques légaux encourus sont-ils limités ?	Il faut vérifier les risques légaux encourus et ce que chaque personne du groupe peut faire. Il faut prévoir un fonds pour payer d'éventuelles amendes. Il faut protéger les membres du groupe qui risqueraient d'être victimes de discriminations de la part de la police.
Avons-nous suffisamment de personnes pour mener cette action ?	Il faut que cette action puisse être efficace si elle n'est réalisée que par un nombre restreint de personnes ou si seules quelques personnes acceptent d'y participer.
Cette action va-t-elle attirer la sympathie de l'opinion publique ?	Il faut que votre action contribue à vous légitimer auprès de l'opinion publique pour augmenter la pression sur la cible de votre campagne. Il faut donc vous assurer que les gens auront envie de prendre votre défense si on leur raconte cette action ou s'ils en sont témoins.

Prenez le temps de définir les rôles de chaque personne dans le groupe :

- Au moins deux personnes dont le rôle est de contacter et parler à la presse.
- Au moins deux personnes dont le rôle est de jouer la médiation avec les autorités et services de police et d'expliquer l'action aux personnes présentes (les différents personnels, les responsables, les clientes et clients, les passantes et passants...).
- Au moins deux personnes qui documentent l'action (en communiquant sur les réseaux sociaux et en prenant des photos et des vidéos).
- Les autres personnes mènent l'action en question.

Vous pouvez organiser une « répétition générale » pour vous assurer que tout est bien au point. Dans ce cas, n'hésitez pas à faire un jeu de rôle avec des personnes qui incarnent les policiers ou les journalistes.

Comme pour une manifestation, préparez bien en amont votre mot d'ordre, vos slogans et vos pancartes éventuelles. Gardez l'événement secret le plus possible, et ne prévenez que quelques journalistes pour ménager l'effet de surprise et éviter que votre action soit stoppée par les autorités.

La non-violence en question

L'organisation de ces actions suit le principe de la non-violence : celles-ci se font dans le calme et l'ordre, car tout est organisé et prévu. Chaque personne a un rôle et sait ce qu'elle doit faire, connaît le déroulement de l'action, s'est préparée aux différentes réactions de l'adversaire ou des forces de l'ordre. Elles n'ont pas pour objectif d'imposer une agression physique ou verbale.

Récemment, de nombreux débats ont émergé sur la violence « légitime » ou « illégitime » : la violence d'activistes serait légitime au vu de la violence institutionnelle imposée par les politiques ou certaines entreprises. C'est ainsi que se positionnent certains groupes anarchistes ou certains « black blocs » qui rejoignent parfois des actions ou manifestations et engagent des actions violentes notamment contre les biens ou installations dans l'espace public.

Pour un grand nombre de spécialistes des mobilisations, la question de la non-violence n'est pas morale mais stratégique : en effet, de leur point de vue, l'utilisation de la violence ne contribue pas à l'avancée des revendications dans la mesure où elle peut créer une défiance de l'opinion publique, limitant ainsi le soutien populaire, et donc la capacité à faire monter la pression sur les responsables politiques.

La non-violence permettrait de miner la confiance dans le pouvoir, en mettant en avant la répression des mouvements non violents, alors que la violence des activistes donnerait du grain à moudre aux adversaires et diviserait l'opinion publique tout en permettant à la cible de votre campagne de délégitimer vos revendications. Enfin, ces violences attirent l'attention des médias et rendent donc moins visibles les revendications.

On l'a vu lors des mouvements des gilets jaunes : lorsque certains « casseurs » ont commencé à participer aux marches, le gouvernement, certains membres de la classe politique et certains médias se sont contentés de dénoncer les violences, en laissant de côté toutes les réponses politiques à apporter aux revendications tout à fait légitimes de ce mouvement citoyen.

Choisir une action résolument non violente permet donc de lutter contre ces phénomènes.

Voici un exercice que vous pouvez faire avec vos soutiens pour définir ce que chacun d'eux considère violent ou non violent. Je l'ai moi-même fait lors d'une formation avec le groupe Les Désobéissants, où il nous était demandé de nous positionner dans la salle selon que nous jugions une action violente ou non, et nous sentions capables de la mener. L'animateur nous a ainsi demandé si nous pensions que le fauchage d'un champ d'OGM était une action non violente et si nous la ferions. Je me suis dit que oui, je pensais que ce n'était pas violent et que je pourrais y participer demain. Mais lorsque nous avons commencé à échanger, une personne du groupe a fait valoir que faucher le champ était une action violente pour l'agriculteur ou l'agricultrice qui perdait ainsi le fruit de son travail et donc des ressources pour vivre. J'ai donc presque changé d'avis avant que quelqu'un n'argumente sur le fait que l'on pouvait veiller à ne pas détruire tout le champ pour limiter les dommages causés.

Cet exemple montre qu'il est nécessaire d'échanger en groupe pour définir les critères de la non-violence que vous voulez appliquer dans vos actions.

Face à la multitude d'actions d'escalade existantes, prenez le temps de réfléchir pour trouver le bon mix pour faire monter la pression et vous assurer de la réussite de votre campagne.

Tactiques d'escalade : trouvez le bon mix

Impact et efficacité avant tout

L'objectif des actions que vous allez mettre en place est de pousser les responsables à qui vous vous adressez à réagir et à accéder à votre demande. Car souvent, avoir de nombreux signataires sur sa pétition, ou de nombreuses personnes sur son groupe Facebook n'est pas suffisant pour inciter les décideurs et décideuses à l'action.

Toutes ces tactiques doivent donc être pensées dans le but de faire avancer la campagne, et vous devez donc les examiner en amont en réfléchissant à ce qu'elles vont vraiment déclencher dans la réalité.

J'ai travaillé avec beaucoup de personnes qui menaient des campagnes et proposaient des actions qui étaient visibles, belles, ou drôles, mais pas forcément efficaces.

Par exemple, si le responsable politique à qui vous vous adressez a clairement dit qu'il ne répondrait pas à votre demande, il est inutile de continuer à partager des messages qui lui sont adressés pour lui demander de le faire, même si vous avez crée la plus belle vidéo ou le plus beau visuel. Pensez à ce qui va le faire réagir : par exemple, demander à ses alliés ou partenaires de ne plus le soutenir, ou encore, déranger une action de communication qu'il a mise en place, ou pourquoi pas le priver de ressources dont il a besoin (stopper la production de son entreprise, boycotter ses produits et donc ses profits...).

Au chapitre 2, nous avons évoqué le *power mapping*, cette technique qui permet de comprendre ce qui tient à cœur à votre cible. De même, au chapitre 4 nous avons parlé de théorie du changement pour déterminer les actions les plus efficaces. N'hésitez pas utiliser ces outils pour définir les actions d'escalade que vous pourriez mener pour faire réagir votre cible.

Faites le point sur vos ressources disponibles

L'autre élément à prendre en compte, c'est vos ressources : que pouvez-vous investir, que savez-vous faire ? L'idéal est toujours de planifier une action en fonction des ressources disponibles ou de celles que vous pensez pouvoir obtenir.

Par exemple, si vous n'avez pas d'argent, il va être difficile d'organiser un concert de soutien à votre cause avec des artistes et une vraie sono. Mais vous pouvez faire une collecte de fonds auprès de vos soutiens pour pouvoir l'organiser. Si vous n'avez que quelques centaines de soutiens, et que votre campagne s'adresse au président de la République, il peut être difficile d'organiser une manifestation d'ampleur. Mais si vous avez des graphistes excellents ou excellentes dans votre groupe, vous pouvez imaginer de créer des visuels satiriques sur les actions du ou de la responsable politique que vous voulez faire plier.

Imaginez vos actions en ayant toujours à cœur de faire le plus avec le moins. Parfois, le manque de moyens financiers augmente la créativité et l'efficacité : c'est ce dont j'ai été témoin en voyant des associations s'organiser difficilement alors qu'elles disposaient de millions, pendant que des petits collectifs citoyens usaient de créativité et faisaient la une des journaux avant d'obtenir gain de cause.

J'ai été formée par Marshall Ganz, l'un des pères fondateurs de l'organisation collective. Pour répondre à cet enjeu des ressources, il prend l'exemple de la campagne pour les droits civiques aux États-Unis qu'il a participé à construire : les activistes n'avaient pas d'argent, et très peu de pouvoir institutionnel. Mais ces hommes et femmes avaient une ressource importante : leurs pieds ! En refusant de prendre le bus et en choisissant de marcher, ils et elles ont organisé un boycott efficace de la compagnie de bus qu'ils et elles ciblaient pour qu'elle mette fin à la ségrégation.

Rythmez vos actions pour faire monter la pression

Le rythme de ces actions d'escalade est aussi un élément déterminant pour la réussite de votre campagne. Ainsi, lors de la campagne sur la loi travail, la multiplication des actions à un rythme rapide et réactif en fonction de l'actualité a poussé le pouvoir dans ses retranchements.

Il ne s'agit pas forcément d'utiliser une tactique différente à chaque fois : vous pouvez aussi décider d'utiliser la même tactique sans relâche, jusqu'à ce que la cible de votre campagne cède. Par exemple, le mouvement des gilets jaunes a décidé de manifester tous les samedis sans interruption pendant des mois, ce qui a fait monter la pression sur le gouvernement.

Mais vous pouvez aussi décider de changer de tactique si vous voyez que cela n'a plus d'effet, ou que vos soutiens se fatiguent ou se lassent. Pensez également à adapter les tactiques selon l'actualité ou la réaction de votre cible. Si vous vous adressez à une députée par exemple et que celle-ci a accepté de vous recevoir dans les jours qui viennent, contentez-vous de faire monter la pression en augmentant le nombre de soutiens par des partages sur les réseaux sociaux. Cela serait inutile voire contre-productif de faire un sit-in devant son bureau.

Pensez toujours à augmenter la masse de vos soutiens

Faire augmenter le nombre de vos soutiens doit être l'objectif indirect de toutes les actions que vous menez. Même si ces actions d'escalade doivent être pensées dans le but de faire plier le destinataire de votre campagne, n'oubliez pas d'y inclure systématiquement un moyen pour que de nouvelles personnes vous rejoignent. Vous pouvez faire figurer le site ou le lien de votre pétition pour que les gens puissent retrouver comment prendre part à votre groupe. Ou plus directement, faire un appel à rejoindre le mouvement dans le cadre de votre action.

Je pense par exemple au collectif Vies volées, un collectif de familles de victimes de violences policières qui font campagne pour obtenir justice pour leurs proches. À chaque manifestation qu'elles ont organisée récemment, elles ont appelé les personnes présentes, mais aussi toutes celles qui voyaient leur action dans les médias ou sur les réseaux sociaux, à signer leur pétition pour faire augmenter le compteur et continuer à faire monter la pression.

Médiatisez vos actions

Pensez à toujours médiatiser vos actions. En effet, si votre action n'est visible que par celles et ceux qui y participent, elle aura moins d'impact. N'oubliez pas que dans 90 % des cas, ce qui pousse les responsables politiques ou économiques à agir est le risque pour leur réputation ou leur image !

Pensez donc à annoncer, documenter et partager votre action tout en vous assurant de sa couverture par les médias.

Annoncez votre action... ou pas !

Lorsque vous organisez une action, il peut être nécessaire de l'annoncer en amont pour vous assurer d'une participation importante.

Par exemple, si vous organisez une manifestation, prévenez vos soutiens mais également les médias en amont pour qu'ils relaient l'événement. N'oubliez pas d'indiquer le lieu, le jour, l'heure et l'objet de l'action, par exemple dans un communiqué de presse. Pour les soutiens, précisez bien ce qu'ils devront faire et quand et comment se présenter (s'il faut s'habiller d'une certaine manière, ou apporter une pancarte, prévenez-les !). Si ces personnes ne peuvent pas être présentes, précisez-leur comment suivre l'action sur les réseaux sociaux ou votre site internet. Quelques jours sont en général suffisants, sauf s'il s'agit d'une rencontre nationale : il faut laisser le temps aux participantes et participants de s'organiser pour se déplacer.

Annoncer votre action en amont peut aussi agir comme une pression supplémentaire sur le décideur ou la décideuse que vous ciblez : savoir que l'action s'annonce et que les soutiens se multiplient dans les jours qui la précèdent peut les faire réagir.

Vous pouvez aussi décider de ne rien annoncer ! La surprise peut être un ingrédient très efficace dans la mise en place d'actions d'escalade. Par exemple, une action de désobéissance civile sera rarement annoncée en amont pour éviter toute répression et s'assurer qu'elle fera tout son effet. À l'exception de quelques journalistes qui peuvent couvrir l'événement, ce genre d'action ne doit pas être présenté en amont.

Documentez et diffusez largement

N'oubliez pas de vous assurer qu'une ou plusieurs personnes vont documenter ce qui va se passer. C'est indispensable pour faire résonner votre action largement et pour avoir des contenus visuels, vidéo ou audio à utiliser dans le futur.

Faites une retransmission en live de votre action, sur votre compte Facebook ou Instagram, veillez aussi à réaliser des petites vidéos de l'action en vous focalisant sur les moments forts, en faisant des interviews de participantes et participants. Prenez des photos... Le mieux est d'être au moins deux : une personne pour le live, l'autre pour les photos, vidéos, etc., pour les contenus que vous publierez par la suite. D'autre part, il peut être utile d'avoir une personne dont le rôle est uniquement de répondre aux questions des journalistes et de les orienter vers les personnes à interroger, ou de leur donner accès à l'action pour leur permettre de filmer ou prendre des photos facilement.

Une fois l'action terminée, votre priorité doit être de diffuser les contenus : montez une petite vidéo qui résume l'action (en n'oubliant pas d'appeler les internautes qui la regardent à une action spécifique à la fin, par exemple, signer la pétition, partager la vidéo, etc.), postez les photos sur les réseaux sociaux et préparez un communiqué de presse pour raconter l'action à vos contacts journalistes (dans lequel vous mettrez le lien vers vos vidéos et vos photos).

L'actualité va vite, il est donc nécessaire de pouvoir diffuser ces contenus dans les heures qui suivent votre action.

S'il s'agit d'une action en ligne, par exemple, un envoi de tweets massif à un décideur politique, faites quelques captures d'écran des tweets les plus représentatifs, et montez-les ensemble en une courte vidéo, ou encore faites un album photo sur vos réseaux sociaux pour les diffuser. Vous pouvez aussi comptabiliser le nombre de personnes qui ont participé pour relayer ce chiffre et faire état de la participation. Là encore, n'oubliez pas de diffuser ces informations aux journalistes.

Pensez enfin à raconter cette action à vos soutiens qui n'auraient pu participer, via un message sur votre pétition si vous en avez une, ou sur votre site si c'est le QG de campagne que vous avez désigné. Si vous avez une liste avec les adresses électroniques de vos soutiens, envoyez-leur ce même résumé.

Avec toutes ces techniques, vous avez de fortes chances de faire réagir votre cible et de la pousser à accepter d'entrer en conversation avec vous. Si vous ne réussissez pas du premier coup, continuez, jusqu'à ce que vous obteniez qu'elle réponde publiquement, voire même qu'elle vous reçoive.

À retenir

Pour faire monter la pression sur la cible de votre campagne, **il est nécessaire de mener des actions réactives et coordonnées** avec un rythme stratégique jusqu'à ce que gain de cause soit obtenu.

Ces actions doivent être organisées selon l'impact qu'elles peuvent avoir : réfléchissez donc à ce qui poussera le plus la cible à ouvrir le dialogue.

Ces actions peuvent être menées en ligne ou hors ligne : pensez à les mixer pour permettre au plus grand nombre de personnes possible de participer et à mettre en place une « échelle d'engagement » en commençant par le plus facile à faire.

Les actions d'interpellation massive sont efficaces lorsqu'elles sont coordonnées et durent suffisamment longtemps.

Toute action doit être planifiée à l'avance pour prévenir la presse et s'assurer de la médiatisation ; c'est la clé d'une action d'escalade réussie.

N'oubliez pas de fournir aux participantes et participants un mot d'ordre clair, des slogans ou pancartes si vous menez une action dans la rue.

La grève est un outil efficace mais légalement encadré : renseignez-vous bien sur les conditions de son exercice.

Si vous organisez une action de désobéissance civile, formez-vous en amont, préparez votre action et définissez des rôles clairs pour assurer la sécurité des participantes et participants ainsi que l'efficacité de l'action.

À vous de jouer !

Fiche pratique à remplir

Interpellation en masse :

listez les actions à proposer et écrivez les messages (répétez l'exercice pour chaque action prévue)

Objectif de l'action : Date :

....

En quoi cette action va-t-elle pousser la cible à réagir :

....

....

Pourquoi à ce moment-là ?

....

....

Forme de partage (message réseaux sociaux, e-mail, courrier, téléphone) :

....

....

Lieu du partage (coordonnées, page sur les réseaux sociaux, numéro de téléphone) :

....

....

Message type à partager par les participantes et participants :

....

....

Organisation d'une action collective : manifestation, grève, boycott, occupation, désobéissance civile

(répétez l'exercice pour chaque action prévue)

Type d'action :

....

Objectif :

....

....

Date : ....

En quoi cette action va-t-elle pousser la cible à réagir :

....

....

....

Pourquoi à ce moment-là ?

....

....

....

Mot d'ordre :

....

....

Slogans

- ………………………………………………………………………………………
- ………………………………………………………………………………………
- ………………………………………………………………………………………
- ………………………………………………………………………………………
- ………………………………………………………………………………………

Démarches légales à effectuer

- ………………………………………………………………………………………
- ………………………………………………………………………………………
- ………………………………………………………………………………………

Scénario

………………………………………………………………………………………
………………………………………………………………………………………
………………………………………………………………………………………
………………………………………………………………………………………
………………………………………………………………………………………
………………………………………………………………………………………
………………………………………………………………………………………

Assurez-vous que vous cochez toutes les cases.

❒ Cette action va créer une crise pour la cible de ma campagne
❒ Cette action peut attirer l'attention des médias
❒ Les risques légaux encourus sont limités et acceptables pour les participantes et participants
❒ Nous avons suffisamment de personnes pour mener cette action
❒ Cette action va attirer la sympathie de l'opinion publique

Rôles (ajoutez le nom des personnes responsables) :

Relation journalistes : ....

Relation autorités : ....

Relais réseaux sociaux : ....

Prise de photo et vidéo : ....

Participantes et participants à l'action : ....

....

Checklist pour toute action d'escalade

❒ J'ai envoyé un message à mes soutiens en amont de l'action (incluant les informations pratiques : si l'événement leur est ouvert, ce que les personnes peuvent faire de chez elles ou comment suivre l'action à distance)

❒ J'ai informé la presse au préalable de l'action et précisé si elle est « secrète »

❒ J'ai documenté l'action avec des images et des vidéos

❒ J'ai fait un rapport sur l'action après celle-ci et l'ai diffusé aux soutiens et à la presse

❒ J'ai pensé à intégrer un appel à rejoindre la mobilisation lors de l'événement et dans mes supports de communication

CHAPITRE 11
NÉGOCIER POUR GAGNER

Quand j'ai commencé à travailler chez Change.org, je ne connaissais aucun responsable politique. Je n'avais pas vraiment d'expérience dans ce domaine, et je n'avais pas de réseau, étant donné que je n'avais pas fait d'école comme Sciences Po ou l'ENA où sont formés les futurs responsables politiques.

Pourtant, j'ai dû prendre contact avec certains d'entre eux pour leur faire connaître la plateforme et m'assurer de la prise en compte des pétitions lancées. Il m'a fallu le faire très progressivement, pas à pas, en insistant, en relançant, en n'ayant ni peur ni honte de demander à avoir une place à la table des négociations. Lorsque j'ai travaillé à la reconnaissance par le gouvernement et le Parlement des pétitions en ligne, encore trop souvent ignorées par les pouvoirs publics, j'ai notamment dû écrire, téléphoner, relancer sans cesse des personnes qui n'avaient parfois pas vraiment envie d'avoir affaire à moi, car elles ne voulaient pas avoir à répondre à ces campagnes citoyennes.

Une fois le contact établi, il a encore fallu du temps pour qu'on me prenne au sérieux, et pour que j'obtienne des engagements concrets. Capter l'attention des personnes en position de pouvoir est parfois long et laborieux, c'est pourquoi il est important de vous préparer au moment où vous finirez par l'obtenir, afin de vous assurer que vous transformerez l'essai en victoire pour votre campagne. Je sais que de nombreuses personnes refusent de dialoguer avec des responsables politiques ou économiques, de peur d'être récupérées ou trompées. C'est pourtant indispensable à la réussite de la campagne, et cela ne veut pas dire pour autant que vous perdez votre âme et que vous trahissez vos soutiens, tant que vous avez toutes les cartes en main pour vous assurer que ces échanges seront décisifs.

Obtenir un rendez-vous

S'assurer que ses demandes sont réellement prises en compte

Quand vous faites campagne, vous veillez à faire monter la pression et à obtenir le soutien de l'opinion publique nécessaire pour faire pencher la balance. Mais tant que vous n'avez pas obtenu un échange direct avec la cible de votre campagne, il est rare que celle-ci aboutisse. Il est plus difficile pour un ou une responsable politique ou économique de continuer à ignorer les demandes d'un collectif citoyen après un échange direct. Tout simplement parce que voir les gens en chair et en os crée forcément une pression plus importante, mais aussi parce que cette rencontre peut être l'occasion d'une pression médiatique supplémentaire.

J'ai déjà vu des campagnes aboutir grâce à la simple pression médiatique sans que les organisateurs ou organisatrices soient à aucun moment entrés en contact avec leur cible. Mais cela reste rare, et surtout, vous prenez le risque que les mesures prises ne soient pas celles que vous attendez. Il est donc important de pouvoir lancer cette conversation pour que soient mises en place vos revendications, et non une simple action de communication de crise pour diminuer la dynamique de votre campagne.

C'est une technique assez fréquente des gouvernements que j'ai vu se succéder depuis quelques années : de grandes annonces sont faites officiellement, en réponse à des campagnes citoyennes, mais en réalité, un petit nombre de ces décisions ont un effet réel. Par exemple, les mesures annoncées par le gouvernement en 2019 pour lutter contre les violences sexistes et sexuelles – un plan d'action sans moyens financiers pour répondre à la mobilisation massive contre les féminicides notamment – n'étaient pas du tout à la hauteur, et ont interloqué les militantes et militants.

Obtenir un rendez-vous est donc une étape indispensable dans votre campagne. Et il ne faut pas hésiter à en demander aussi souvent que cela vous semble nécessaire si vous n'avez pas eu gain de cause.

Identifier la bonne personne et relancer sans relâche

Pour ce faire, cherchez le nom des personnes qui sont en charge de votre sujet. Au sein de petites institutions, il peut s'agir de la cible de votre campagne directement. Mais la plupart du temps, il s'agira de la personne qui assiste votre destinataire, ou qui gère le dossier spécifique. Par exemple, si vous vous adressez à un ministre, c'est probablement son conseiller ou sa conseillère en charge du sujet vous concernant qui vous recevra. Pour l'identifier, n'hésitez pas à faire des recherches dans les organigrammes disponibles sur les sites Internet des institutions ou entreprises que vous ciblez, ou passez directement un appel au standard de cette organisation pour obtenir le nom de la personne et ses coordonnées.

Une fois que vous avez identifié la bonne personne, rédigez un texte clair et précis, pas trop long, dans lequel vous rappelez le sujet de votre campagne, en quoi cela concerne le destinataire de votre campagne, les principales actions que vous avez mises en place et vos résultats (nombre de soutiens, de participantes et participants à des actions, articles de presse, etc.). Expliquez que vous souhaitez rencontrer la cible de votre campagne et donnez un délai (dans les quinze jours, dans les jours qui viennent, selon l'urgence de votre campagne). N'oubliez pas de préciser vos coordonnées et adressez ce message au contact que vous aurez déterminé au préalable en ajoutant l'e-mail officiel de la cible de votre campagne en copie.

Une bonne technique à mettre en place consiste aussi à écrire à la cible de votre campagne avant de la lancer officiellement, en lui donnant quelques jours pour réagir. Ainsi, vous pourrez démontrer que vous avez tenté d'entrer en conversation avant de lancer une campagne de mobilisation citoyenne. Cela montre votre bonne foi et peut vous permettre d'avoir un contact plus aisé par la suite.

Si vous n'avez pas de réponse à votre message, relancez ! Par e-mail d'abord, puis par téléphone. Cela peut prendre du temps. Faites preuve de détermination, de patience, et usez toujours de courtoisie et politesse. Cela ne sert à rien de vous énerver contre la personne qui répond au téléphone. La plupart du temps, elle ne prend pas la décision. Cependant, soyez ferme et montrez que vous n'avez pas l'intention d'arrêter tant que vous n'avez pas eu de rendez-vous.

Si cela ne marche toujours pas, n'hésitez pas à médiatiser, auprès de vos soutiens et de la presse, le fait que vous n'obtenez pas de réponse ni de rendez-vous. Les responsables politiques, en particulier lorsqu'ils ou elles sont élus, n'aiment pas apparaître comme des personnalités inaccessibles.

Enfin, assurez-vous qu'une ou deux personnes peuvent participer avec vous au rendez-vous : il est plus efficace d'être plusieurs pour se relayer dans une situation qui peut être stressante. De plus, être à plusieurs est toujours rassurant, d'autant plus que votre cible pourra aussi être accompagnée.

Préparer son rendez-vous

Une fois que vous avez obtenu un rendez-vous, préparez-le consciencieusement. Convenez d'une date qui vous permettra d'avoir le temps de vous préparer avec vos soutiens. Parfois, les destinataires de campagne citoyennes vous ignorent longtemps, puis tout à coup vous demandent de les rencontrer dans l'urgence, sachant que vous aurez peu de temps pour rassembler vos forces vives et préparer l'éventuelle riposte. N'hésitez pas à renégocier une date pour avoir le temps de vous préparer. Dans tous les cas, mieux vaut se tenir prêt ou prête.

Préparer ses arguments et ses demandes

De même que vous avez préparé les arguments destinés à vos adversaires, préparez vos arguments et contre-arguments pour cette rencontre spécifique.

Dressez d'abord la liste de vos arguments : pourquoi vous menez cette campagne, ce qui est problématique dans la situation, les répercussions sur des communautés, sur l'environnement, sur l'économie, etc., mais aussi pourquoi il est urgent d'agir. Vous pouvez aussi justifier le choix de votre destinataire de la campagne (n'hésitez pas à valoriser les engagements pris qui pourraient inciter à croire que cette personne peut soutenir votre campagne, ou encore le pouvoir de décision qu'elle détient).

Préparez ensuite la liste de vos revendications, si vous en avez plusieurs. Il peut s'agir de votre demande initiale, si elle a bien été formulée et qu'elle est suffisamment précise. Vous pouvez aussi imaginer ajouter d'autres demandes annexes si certaines ont émergé au fil de votre campagne. Mais faites attention à ne pas dresser un inventaire à la Prévert. Comme je l'ai expliqué dans le chapitre 1, il vaut mieux remporter une plus petite victoire pour commencer et revenir à la charge avec d'autres demandes ensuite. Préférez une revendication précise, chiffrée, limitée dans le temps, à une demande large et non contraignante.

Exemple

« Nous demandons la mise en place d'un décret interdisant l'utilisation de pesticides dans la commune de X dans un délais d'un mois », plutôt que « Nous demandons l'interdiction des pesticides ».

Assurez-vous de connaître ces revendications par cœur : c'est la partie la plus importante de votre argumentaire.

Enfin, préparez les contre-arguments : listez tout ce qu'on pourrait vous opposer pour mettre en place vos revendications et préparez vos réponses en conséquence. Par exemple, si l'on vous oppose le manque de moyens financiers, préparez la réponse en citant des solutions permettant de financer cette demande. Si l'on vous objecte l'impossibilité de mettre en place la mesure dans un délai court, proposez un agenda pour la mise en place de vos revendications. N'hésitez pas à lire les interventions de la cible de votre campagne dans les médias ou les réactions des personnes qui s'opposent à votre campagne pour préparer la liste des objections et affûter les réponses.

Prévenir ses soutiens et la presse

Comme pour toutes vos actions, n'oubliez pas de prévenir vos soutiens et la presse de la rencontre lorsqu'elle a été fixée.

Vous pouvez par exemple préparer une communication spéciale pour les soutiens, visant à leur expliquer ce que vous allez faire lors de ce rendez-vous ; vous pouvez également leur demander de l'aide pour préparer l'argumentaire ou les revendications. Comme toujours, proposez-leur de mener une action spécifique en vue de ce rendez-vous : par exemple, une action de partage massif de votre campagne dans les jours précédents, afin d'augmenter le nombre de soutiens. Cela peut avoir une réelle influence sur la manière dont les destinataires de votre campagne vous recevront.

Pour la presse, réalisez un communiqué de presse ou un e-mail simple pour informer les journalistes du rendez-vous. Vous pouvez leur proposer de contacter la cible de votre campagne pour lui demander d'assister à la rencontre. Il n'est pas dit que votre cible accepte, mais si c'est le cas, cela pourra évidemment s'avérer très efficace pour vous assurer du retentissement des arguments que vous présenterez et des éventuels engagements qui pourraient être pris.

Prévoir les différents scénarios possibles

Préparez trois scénarios possibles : votre réaction en cas de victoire, votre réaction en cas de refus, et le cas où vous n'auriez pas eu de réponse à vos demandes.

Pour chaque scénario, listez les actions et les éléments de communication que vous utiliserez : post sur les réseaux sociaux, communication aux soutiens mais aussi à la presse.

Avoir ces éléments en main, prêts à être adaptés à la sortie du rendez-vous, sera déterminant, car vous pourriez être pris par le temps si les médias, par exemple, vous demandent une réaction juste après la rencontre.

Le plus souvent, on ne s'attend pas à gagner ! N'oubliez pas d'imaginer ce que vous voulez faire et dire si vous gagnez : qui remercier, comment célébrer, quelle suite donner si vous voulez relancer une autre campagne.

Être efficace le jour J

Se préparer mentalement

Ça y est, c'est le jour J, et vous devez avoir tout préparé pour pouvoir vous concentrer sur votre mental ! C'est souvent un moment stressant, mais se rappeler que ces personnes ne sont pas si différentes de soi peut aider. J'ai souvent eu peur d'aller à certains rendez-vous, avant de me retrouver face à des personnes qui avaient mon âge ou qui semblaient être aussi stressées que moi.

Avant le rendez-vous, relisez calmement vos notes ; échangez avec les personnes qui vous accompagnent pour vous assurer que vous vous êtes bien réparti le temps de parole et les arguments.

Ne cherchez pas à vous déguiser : portez une tenue dans laquelle vous vous sentez vous-même. Votre légitimité réside dans votre histoire et votre expérience. Ne cherchez pas à jouer un rôle.

Racontez en direct votre aventure aux soutiens. Le mieux est de faire une vidéo ou un live juste avant et juste après la rencontre. Partagez ce que vous ressentez ; recevoir des encouragements aide beaucoup.

Mener une conversation efficace

En arrivant au rendez-vous, demandez à prendre la parole pour vous exprimer en premier. Ne laissez pas votre interlocuteur ou interlocutrice entamer la conversation avant d'avoir pu présenter vos arguments. C'est important pour que rien ne vous limite dans l'expression de vos demandes. Proposez une présentation avant de rentrer dans l'échange.

Une des personnes qui vous accompagnent peut prendre des notes pendant que vous parlez. Veillez à ne pas vous couper la parole.

Soyez authentique

La première chose que vous devrez raconter, comme pour convaincre vos soutiens, c'est votre histoire. Ne négligez pas cet aspect de votre argumentaire. Racontez qui vous êtes, pourquoi vous avez lancé cette campagne, pourquoi c'est important pour vous. N'hésitez pas à être authentique. J'ai vu maintes fois des responsables politiques changer d'avis sur une question en écoutant le témoignage de personnes concernées par des situations d'injustices, alors qu'ils ou elles avaient déjà entendu les arguments rationnels d'une campagne sans ciller.

Déroulez vos arguments et demandez des engagements

Ensuite, déroulez vos arguments et vos revendications. Lorsque vous avez terminé, signifiez-le et proposez de répondre aux questions ou commentaires. À partir de ce moment-là, ne répondez pas du tac au tac, mais prenez note des questions, tout en préparant les réponses possibles à partir du contre-argumentaire que vous aurez préparé. Pour cela, ayez bien vos notes sous les yeux.

Terminez l'échange de manière directe : demandez à la cible de votre campagne si elle s'engage sur vos revendications. Notez ses réponses. Si elle refuse de s'engager, sentez-vous libre d'argumenter à nouveau et de tenter de la pousser dans votre sens. Dramatisez au maximum la situation : la personne est avec vous ou contre vous. Même si ce n'est pas toujours le cas, c'est un bon moyen de la forcer à prendre position et d'éviter la langue de bois. Si vous voyez qu'il n'y a rien à faire, prenez note du refus et concluez le rendez-vous tout en demandant une nouvelle rencontre dans quelque temps pour refaire le point sur la situation.

Si elle prend des engagements, notez-les et demandez les détails pour vous assurer de leur recevabilité. Si ces réponses vous satisfont, n'hésitez pas à le dire ! Si ce n'est pas le cas, exprimez-le aussi et précisez ce que vous attendez de plus.

À la fin du rendez-vous, reformulez les engagements pris ou les prochaines étapes dont vous avez convenu. Demandez un nouveau rendez-vous dans un délai court pour parler de la suite ou réévaluer la situation.

En partant, vous pouvez aussi laisser un document qui récapitule vos demandes.

Après le rendez-vous : célébrer ou ne rien lâcher

Au sortir du rendez-vous, déroulez le scénario tel que vous l'aviez imaginé pendant votre préparation, selon que vous avez obtenu gain de cause, n'avez pas eu de réponse ou avez essuyé un refus.

Commencez par préparer votre réaction à l'annonce. Écrivez en quelques paragraphes un résumé des échanges, les engagements qui ont été pris ou non et votre réaction après cette rencontre. Par exemple, précisez votre déception quant aux engagements pris mais votre satisfaction que la rencontre ait eu lieu et qu'une autre soit prévue.

Une fois votre réaction prête, appelez vos contacts journalistes pour les informer et préparez un communiqué de presse à leur envoyer. Dans le même temps, informez vos soutiens sur les réseaux sociaux de la rencontre et proposez-leur une action en fonction de la réponse que vous avez obtenue. L'idéal est d'avoir prévu ces actions potentielles lors de la préparation de vos scénarios, afin de ne pas être à court de temps et d'idées.

N'oubliez pas qu'une réponse négative est une crise et donc une opportunité de relancer votre campagne et de mobiliser encore plus de personnes. Mais aussi qu'une victoire doit être dignement célébrée, parce que toute votre énergie déployée et celle de vos soutiens constituent un engagement qu'il faut reconnaître et valoriser, en particulier quand il fait changer les choses.

Prenez le temps de souffler et de savourer ce que vous avez accompli. Il est important de reconnaître les victoires, car elles renforcent en chacune et chacun le sentiment d'avoir le pouvoir d'agir, et donc la capacité individuelle et collective à aller plus loin et à se sentir maître de son destin. Et parce qu'une mobilisation citoyenne permet souvent de faire émerger d'autres sujets sur lesquels agir, c'est une énergie incroyable que vous pouvez mobiliser pour relancer une autre campagne.

Pour finir, écrivez un mail à la cible de votre campagne pour résumer les échanges, rappeler vos demandes et les engagements éventuellement pris, tout comme les échéances sur lesquelles la cible s'est engagée, en précisant que vous suivrez cela de près.

Si vous n'avez pas obtenu tout ce que vous souhaitez, ne lâchez rien ; il ne faut pas que la cible de la campagne pense que vous allez vous arrêter simplement parce qu'elle a accepté de vous recevoir. Si vous n'avez pas obtenu gain de cause, continuez à relancer pour obtenir de nouveaux engagements, tout en continuant à faire monter la pression avec vos soutiens par vos diverses actions d'escalade.

À retenir

Entrer en conversation avec le destinataire de votre campagne est indispensable : cela vous assure que vos revendications réelles sont mises en application.

N'ayez pas peur de demander un rendez-vous et d'insister pour en avoir un : vous êtes légitime à demander cet échange.

Préparez le rendez-vous en amont avec les personnes qui vous accompagneront : vos arguments et contre-arguments, vos revendications précises et les réponses à toutes les questions qu'on pourrait vous poser.

Comme toujours, prévenez la presse et vos soutiens de la rencontre et assurez-vous de faire monter la pression avant le rendez-vous en communiquant sur la tenue de la rencontre.

Le jour J, soyez vous-même, prenez la parole pour raconter votre histoire, puis exposez vos arguments avant de répondre aux questions ou contre-arguments.

Demandez des engagements et assurez-vous qu'ils sont spécifiques et définis dans le temps.

Après le rendez-vous, déroulez le scénario tel que vous l'aviez imaginé selon que vous avez obtenu gain de cause ou non : préparez votre réaction, communiquez à vos soutiens et auprès de la presse.

Si c'est une victoire, prenez le temps de célébrer ! Remerciez vos soutiens et proposez-leur de partager ce succès ou de s'engager pour la suite.

Si vous n'obtenez pas gain de cause : ne lâchez rien, résumez les échanges dans un mail à la cible et exigez une nouvelle rencontre pour avancer sur le sujet.

À vous de jouer !

Fiche pratique à remplir

Préparez la demande de rendez-vous

❒ Définissez le destinataire de votre demande de rendez-vous

Nom : ....

Titre :...

Contact : ....

❒ Rédigez votre mail de demande de rendez-vous

❒ Relancez tous les trois jours

Préparez le rendez-vous

Vos arguments :
Ce qui est problématique dans la situation

- ....
- ....
- ....
- ....

L'impact sur des communautés, sur l'environnement, sur l'économie, etc.

- ....
- ....
- ....
- ....

Pourquoi il est urgent d'agir

- ……………………………………
- ……………………………………
- ……………………………………
- ……………………………………

Pourquoi vous avez choisi de vous adresser à cette personne pour votre campagne

……………………………………

……………………………………

……………………………………

Vos revendications précises

……………………………………

……………………………………

……………………………………

Les contre-arguments

Contre-arguments possibles	Vos réponses

Préparez l'après rendez-vous

Scénario 1 : vous gagnez

Message principal

....

....

....

....

Formes de célébration

- ....
- ....
- ....
- ....
- ....
- ....
- ....
- ....

Action à proposer pour la suite

....

....

Scénario 2 : vous faites face à un refus

Message principal

....

....

....

....

Action à proposer pour la suite

....

....

Scenario 3 : vous avez des réponses incomplètes ou insatisfaisantes

Message principal

....

....

....

....

Action à proposer pour la suite

....

....

Sortie de rendez-vous

Résumé des échanges

....

....

....

....

Engagements pris

....

....

....

....

Votre réaction

....

....

....

Checklist avant et après le rendez-vous

❐ J’ai prévenu la presse

❐ J’ai informé les soutiens et je leur ai proposé une action

❐ J’ai pris le temps de célébrer les éventuelles avancées avec mes soutiens

CONCLUSION
PRATIQUEZ VOTRE ART ET FAITES GRANDIR VOTRE POUVOIR

J'espère sincèrement qu'en mettant en pratique les conseils de ce livre, vous obtiendrez gain de cause. Vous bénéficiez maintenant de l'expérience de nombreuses personnes qui se sont lancées dans l'aventure de l'activisme, et je suis certaine que vous permettrez de faire avancer notre monde sur les causes qui vous tiennent à cœur.

Vous aurez à coup sûr des avancées, même si vous ne gagnez pas du premier coup. Prenez le temps de célébrer ces petites victoires. Vous avez dépassé un certain nombre de signatures sur votre pétition ? Célébrez ! Vous avez un premier article dans la presse ? Célébrez ! Votre oncle que vous pensiez réfractaire à l'idée de vous soutenir s'est finalement rallié à votre cause ? CÉ-LÉ-BREZ !

Faire campagne est difficile, c'est parfois fatigant, cela peut même être désespérant. Alors, saisissez toutes les occasions de vous réjouir. Mettez de la joie dans votre activisme, même si vous travaillez sur des sujets graves ou qui vous affectent personnellement. Il y a du bonheur à trouver dans l'action. Cette joie, c'est votre carburant le plus précieux, avec votre détermination.

Il est possible que vous deviez vous y reprendre à plusieurs fois sur certains points, pour obtenir des soutiens, pour obtenir des articles dans la presse ou pour organiser des actions efficaces qui feront réagir votre cible. Il est aussi possible que les rendez-vous avec cette dernière ne soient pas concluants, et que vous deviez, en sortant, relancer la machine pour augmenter le nombre de soutiens ou organiser une autre action pour forcer votre cible à fléchir et répondre à vos demandes.

Ce n'est pas grave. C'est même le lot de l'ensemble des activistes. Recommencez, repensez, réinventez.

L'activisme n'est pas une science exacte. C'est un art qu'on apprend en pratiquant. Comme un ou une peintre, vous tenterez des mélanges de tactiques, reverrez votre toile cent fois, en ajoutant des touches de couleur, toujours avec plus de créativité. Lancez-vous, faites-vous confiance et innovez. Il n'y a pas de bonne manière de faire. Il n'y a pas une seule manière de faire. Je suis sûre que vous trouverez la vôtre.

L. A. Kauffman, cette activiste incroyable dont je vous parlais déjà dans le chapitre 10, résume en quelques phrases les différentes étapes de campagne que nous avons évoquées, et y ajoute cette invitation à la créativité et à la liberté d'agir dont vous devez faire usage : « Ciblez les institutions et les leaders qui soutiennent votre décideur, pas votre décideur lui-même. Donnez des suées aux dirigeants qui disent qu'ils s'opposent à lui mais sont en réalité de connivence en le traitant comme une personne normale. Suivez le leadership de ceux qui sont le plus affectés par les injustices que nous combattons. Mettez en avant une vision téméraire de ce que nous voulons, pas juste de ce à quoi nous nous opposons. Mobilisez notre camp, ramenez des gens, au lieu d'essayer de persuader sa base fervente. [...] Soyez créatif. Cherchez la joie et l'humour dans ce combat : nous sommes plus puissants quand nous construisons des mouvements qui nous renforcent au lieu de nous épuiser. Rappelez-vous notre pouvoir collectif. Remémorez-vous ce que nous avons accompli jusqu'ici, mais ne vous reposez pas sur vos lauriers : il est temps de rêver en grand et d'agir avec audace. »*

Vous n'avez rien à perdre : la meilleure chance de ne pas réussir, c'est de ne pas essayer. Et vous avez tout à gagner. Vous sentir fort ou forte, membre d'un groupe de personnes qui croient vraiment en quelque chose, cela peut changer votre vie. Ce sentiment de pouvoir, cette vague qui submerge, quand, au cœur d'une manifestation, on mêle sa voix à celles des autres dans un cri commun. Ce sentiment de pouvoir, lorsque l'on se retrouve face à face, d'égal à égal, avec cette personne au pouvoir qui a tant ignoré notre existence. Ce sentiment de pouvoir, lorsque l'on sait qu'on ne sera plus jamais un individu seul, pour lutter contre ce qui nous semble insupportable et pour ce qui nous semble vraiment juste.

« Quand nous utilisons notre pouvoir, nous créons du pouvoir. »** Cette expérience de l'activisme peut changer le regard que nous avons sur nous-mêmes, individuellement et collectivement. Nous avons plus de pouvoir que nous le pensons. Il est temps de le reconnaître et de l'utiliser.

---

* « Bye-Bye 45 : A Guide to Bring Him Down » accompagnant une édition pastiche du *Washington Post* : cité par Mathieu Magnaudeix dans *Génération Alexandria Ocasio-Cortez*.

** Sarah Nelson (présidente du syndicat des personnels navigants de l'aérien aux États-Unis, qui a organisé la grève poussant Donald Trump à rouvrir les administrations fédérales lors de son bras de fer sur la construction du mur), interview sur Mediapart, 27 octobre 2019.

REMERCIEMENTS

Je remercie toutes les personnes qui m'inspirent chaque jour en se mobilisant dans la rue, sur le web, en France et ailleurs, pour changer le monde, campagne après campagne. Ce sont vos luttes et vos victoires qui ont inspiré l'idée de ce livre. Pour tout ce que j'ai appris en vous voyant créer l'activisme d'aujourd'hui et de demain, merci.

Je veux en particulier remercier les personnes citées dans ce livre pour m'avoir permis de transmettre ce savoir à travers leurs histoires, parfois difficiles et douloureuses : Stéphane et Corinne, Mody et son comité de soutien, Virginie, Caroline, Madeline, Fatima, Laure, Clémentine, Billy, Johan, Stéphanie, Iman, la famille de Maeva, Anne, Sarah, Assa, George, Lamine, Shaoyao, Baba, Amine, Priscillia, Christelle, Ibrahima, Gulhumar, Jeremy, Karim, Lucile, Mary, Alexandre, Gvantsa et son collectif de soutien, Adrien, Ghislain, Sandra, Naouel, Greta et tant d'autres que je ne peux citer ici.

Merci aux organisations, associations et ONG historiques qui ont parfois ouvert la voie et donné des idées à tant d'activistes comme moi et aux nouvelles et nouveaux activistes du web qui font avancer les prises de conscience et qui ont aussi inspiré ce travail.

Merci à Sandra Monroy et aux Éditions First de m'avoir fait confiance pour ce premier livre et de m'avoir patiemment accompagnée.

Merci à toute l'équipe de Change.org et en particulier à Aminata, Coline, Belkacem, Julian, Mathieu, Maïmouna, Djamel, Clémence, Siré, Aude, Tatiana et Marine de l'équipe française, qui ont été là pendant mes déboires avec ce livre, et auparavant pour accompagner tant de personnes qui agissent sur la plateforme.

Merci à Elodie Nace pour sa contribution à cet ouvrage.

Un grand merci à mes collègues et rôles modèles, Preethi, Irene, Kajal, Stéphanie, Luis et Paula.

Merci à Myriam, Virginie et Leila pour les conseils sur le titre, à Stephen et Carelle chez qui j'ai écrit une bonne partie de cet ouvrage.

Merci aux organisatrices et organisateurs qui m'inspirent chaque jour : Tara, Jean-Michel et toute « l'équipe Mob ». Merci au noyau coeur/coquille de la Rencontre des Justices, et en particulier à Eva, Priscillia, Julia et Inès pour votre soutien constant et toute l'inspiration que vous me donnez.

Merci à Yann, pour sa patience à m'écouter parler de ce livre pendant des mois, et pour son soutien des calanques à la Grèce.

Enfin, un énorme merci à ma maman, Fabienne, qui a relu patiemment chacune de ces pages que vous avez lues et a fait de moi une activiste.

RÉFÉRENCES ET BIBLIOGRAPHIE POUR ALLER PLUS LOIN

Livres

Saul Alinsky, *Être radical. Manuel pragmatique pour radicaux réalistes*, Aden Belgique, 2012

Andrew Boyd, Cyrille Rivallan, Dave Oswald Mitchell, *Joyeux bordel*, Les Liens qui libèrent, 2015

Isabelle Bruno, Julien Prévieux, Emmanuel Didier, *Stat-activisme*, Zines, 2014

Sarah Constantin, Elvire Duvelle-Charles, *Clit révolution. Manuel d'activisme féministe*, Des femmes, 2020

Sandrine Delorme, *Insolente Veggie, Militer permet de...*, Les Points sur les i, 2011

Denis Langlois, *Guide du militant*, Seuil, 1972

Adeline de Lépinay, *Organisons-nous ! Manuel critique*, Hors d'atteinte, 2019

Mathieu Magnaudeix, *Génération Ocasio-Cortez. Les nouveaux activistes Américains*, La Découverte, 2020

Fatima Ouassak, *La Puissance des mères. Pour un nouveau sujet révolutionnaire*, La Découverte, 2020

Srdja Popovic et Françoise Bouillot, *Comment faire tomber un dictateur quand on est seul, tout petit, et sans armes*, Payot, 2017

Sébastien Porte, *Un nouvel art de militer. Happenings, luttes festives et actions directes*, Éditions Alternatives, 2009

Jérôme Zonder, *La Barbe. Cinq ans d'activisme féminin*, Éditions IXE, 2014

Livres (en anglais)

Edward T. Chambers, *Roots for Radicals: Organizing for Power, Action, and Justice*, Bloomsbury Academic, 2018

Marshall Ganz, *Why David Sometimes Wins: Leadership, Organization, and Strategy in the California Farm Worker Movement*, Oxford University Press, 2009

L. A. Kauffman, *Direct Action: Protest and the Reinvention of American Radicalism*, Verso Books, New York, 2017

L. A. Kauffman, *How to Read a Protest: The Art of Organizing and Resistance*, University of California Press, 2018

Site Internet et ressources sur le web

Organisez-vous.org

Désobeir.net

Universite-du-nous.org

Change.org/leguide

voxpublic.org/-Outils-methodologiques-.html

service-public.fr

Extinctionrebellion.fr/ressources/

« Petit guide pour plus d'autonomie, de créativité, d'efficacité, de radicalité et de solidarité dans la lutte » : https://ilestencoretemps.fr/PetitGuideAutonomeCreatifEfficace-RadicalSolidaire/

« L'engagement : condition essentielle pour mener des changements collectifs » :
https://communagir.org/contenus-et-outils/nos-productions/l-engagement-condition-essentielle-pour-mener-des-changements-collectifs/

198 idées d'action non-violentes popularisées par Gene Sharp : www.contrepoints.org/2019/01/07/16180-198-methodes-dactions-non-violentes

Films et séries

Ces films et séries vous permettront de voir les principes de l'activisme mis en œuvre, mais aussi de mieux comprendre comment influencer le pouvoir politique.

Mrs America de Dahvi Waller, 2020

Les Sept de Chicago d'Aaron Sorkin, 2020

The Politician de Ryan Murphy et Brad Falchuk, 2019

White Riot de Rubika Shah, 2019

120 battements par minute de Robin Campillo, 2017

Baron Noir d'Éric Benzekri et Jean-Baptiste Delafon, 2016

Les Suffragettes de Sarah Gavron, 2015

Cesar Chavez de Diego Luna, 2014

Selma d'Ava DuVernay, 2014

La Marche de Nabil Ben Yadir, 2013

Tahrir de Stefano Savona, 2011

We Want Sex Equality de Nigel Cole, 2011

Harvey Milk de Gus Van Sant, 2008

Erin Brockovich, seule contre tous de Steven Soderbergh, 2000

Gandhi de Richard Attenborough, 1982